BOGHITCHÉVITCH

Le Procès de Salonique

Juin 1917

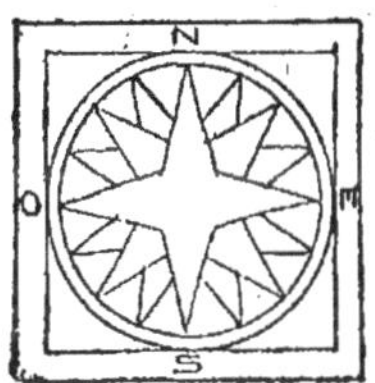

ANDRÉ DELPEUCH, ÉDITEUR
51, rue de Babylone
PARIS

1927

Le Procès
de Salonique

1

FONDS ROMAIN ROLLAND
B.N.
IMPR.

Le colonel Dimitriévitch.

BOGHITCHÉVITCH

Le Procès de Salonique

Juin 1917

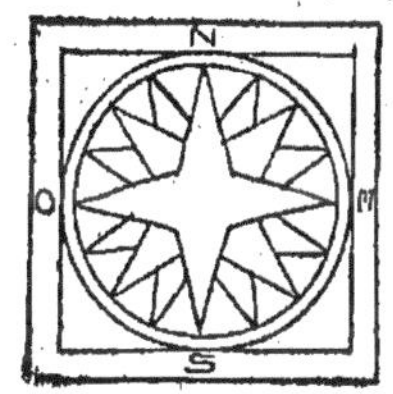

ANDRÉ DELPEUCH, ÉDITEUR
51, rue de Babylone
PARIS

1927

PRÉFACE

Le procès qui eut lieu, en 1917, à la suite d'une prétendue tentative d'attentat contre le prince héritier Alexandre, roi actuel de Yougo-Slavie, et qui se déroula à Salonique, en territoire étranger, est resté longtemps ignoré de l'opinion publique européenne. La censure militaire qui sévissait alors et les efforts du gouvernement yougoslave pour ne point attirer l'attention sur lui, l'expliquent suffisamment. Ce fut seulement quand, ultérieurement, on put se livrer à des recherches approfondies sur les causes de la guerre, et quand l'étude des responsabilités du gouvernement serbe obligea à se préoccuper du procès de Salonique, que l'on comprit l'importance de ce procès pour l'appréciation d'une partie des responsabilités de la guerre. C'est pourquoi, dès 1924, dans la revue « Kriegsschuldfrage » (la question de la culpabilité de la guerre) et sous le titre « Remarques sur le procès de Salonique en 1917 », numéro de février 1924, p. 112-113) (1), j'ai jugé nécessaire d'attirer sur ce procès l'attention de tous ceux

(1) Voir annexe II, page 107.

qu'intéressent ces problèmes. Depuis, de laborieuses recherches prolongées jusqu'à ce jour, ont mis à ma disposition une documentation d'importance telle, que j'estime le moment venu de consacrer une étude spéciale et approfondie à ce procès.

Les faits qui sont parvenus à ma connaissance sont d'une telle gravité tant aux points de vue juridique et politique qu'à celui des responsabilités de la guerre que, dans l'intérêt de la vérité, du droit, de la morale et de la justice, on doit réclamer coûte que coûte la révision de ce procès, sans souci aucun de l'opportunité d'une action à tel ou tel moment, des conséquences politiques et des personnalités mises en cause.

Le gouvernement yougoslave, dans le but d'effacer autant qu'il est possible les traces de ce procès, a retiré de la vente en librairie et a mis à l'index la publication officielle du protocole de ce procès de 638 pages intitulé « Tajna prevratna arganisacija » (organisation secrète subversive), Salonique 1918, imprimerie « Velika Srbija » (Grande-Serbie).

Bien que le gouvernement ait supprimé arbitrairement différents passages, qu'il lui paraissait inopportun de publier (témoignages, documents, etc.), il fit néanmoins appel au patriotisme des accusés, de ceux-là même qu'il avait jetés, pour crime de haute trahison, sur le banc des accusés, pour exiger d'eux qu'ils ne fissent aucune allusion à leur action de propagande à l'étranger et surtout à l'attentat de Serajevo. Le protocole des débats judiciaires constitue cependant un document redoutable contre le gouvernement serbe, non seulement par son contenu, mais plus encore peut-être par ce que le gouvernement a délibérément évité de faire publier. De tout ceci on peut tirer des conclusions d'une extrême importance. En outre, ce protocole permet d'apprécier le niveau culturel et les mœurs de cette période de l'histoire de la Serbie, qui a précédé la guerre. Avec ce procès, le gouvernement serbe a planté une flèche dans sa propre chair et il ne réussira jamais à l'en arracher.

C'est précisément pour tous ces motifs, que malgré sa prolixité et l'abondance de détails sans valeur, ce protocole devrait être traduit dans les langues les plus importantes. Toute discussion scientifique des causes ou des conséquences de l'attentat de Serajevo exige une connaissance exacte du procès de Salonique.

Pour celui qui n'est pas Serbe, il est bien difficile de se reconnaître parmi les différentes organisations nationales visant à réaliser l'idéal d'une

Grande Serbie, c'est-à-dire la réunion de tous les Serbes sous la direction du royaume de Serbie. Relativement au programme national, chacune de ces organisations avait, dans son action particulière, des buts et des visées différents. Même dans les territoires yougoslaves se trouvant sous l'administration étrangère, il y avait également différentes organisations nationales. Ajoutons que la franc-maçonnerie a aussi joué un grand rôle dans ce mouvement.

Remarquons enfin que si l'on veut pleinement comprendre le mouvement panserbe il importerait, à la lumière de tous les faits nouveaux révélés depuis la guerre, de procéder à une révision attentive des conclusions des différents procès intentés sur le territoire de l'ancienne monarchie austro-hongroise contre des sujets de nationalité yougoslave (procès Friedjung, procès d'Agram, de Serajevo, de Banjalouka, etc.). La clarté pourrait alors être faite sur quantité de questions insuffisamment élucidées.

A cause du grand rôle que le colonel Dimitriévitch, instigateur intellectuel de l'attentat de Serajevo et principal accusé dans le procès de Salonique, a joué dans le mouvement national serbe, j'ai cru nécessaire de mettre en relief dans un chapitre spécial tous les aspects de cette physionomie historique si importante et si étrange.

Enfin je ne crois pas me tromper en affirmant que, si l'on tient compte de tous les dessous et de toutes les complexités de cette question, seul un Serbe est capable de tenter l'explication des causes profondes de ces événements.

En ce qui concerne spécialement le procès de Salonique, il est à remarquer qu'aujourd'hui un spécialiste, comme il en existe malheureusement bien peu, que le souci de la vérité inciterait à mépriser les conceptions d'un patriotisme étroit et les préjugés nationalistes, et qui viendrait résider en Yougo-Slavie, serait immédiatement empêché par les autorités yougoslaves de s'exprimer avec une parfaite indépendance. Aussi toute étude publiée en Yougo-Slavie sur cette question doit-elle être tenue a priori pour incomplète et superficielle, sinon tendancieuse.

J'ai la chance d'être parfaitement indépendant du gouvernement yougoslave et je n'ai aucune intention de mettre les pieds en territoire yougoslave tant que le régime actuel durera; j'ai donc résolu de publier tout ce que je sais de ce procès et j'espère, en agissant ainsi, servir, autant qu'il m'est possible, les intérêts du peuple serbe, dont la valeur et les bonnes qualités sont pleinement appréciées à l'étranger.

Faut-il faire observer que les nouveaux sujets yougoslaves, ressortissants de l'ancienne monarchie austro-hongroise, qui ont eu déjà, avant et pendant la guerre, tant à souffrir, précisément à cause de cette propagande nationaliste de la part du royaume de Serbie, ont maintenant, après le fait accompli, plein droit d'être renseignés sur cette phase de l'histoire serbe.

Les défenseurs de la cause serbe à l'étranger, tels que les Anglais Seton-Watson et Wickham Steed et, fait étrange, même des Allemands, tels que Wendel et Kantorowicz, seront obligés, je pense, devant l'exposé des faits et les documents publiés dans cette étude si accablante pour le gouvernement serbe et pour la dynastie des Karageorgevitch, de reviser certaines opinions et assertions. S'ils ne s'y résignent pas, en admettant toujours qu'ils soient de bonne foi, on sera obligé de suspecter leurs qualités d'experts en cette matière. Et s'ils sont de mauvaise foi, la preuve sera faite de leur partialité et du crédit qu'il convient d'accorder à leurs conceptions.

PREMIÈRE PARTIE

I

Le Procès de Salonique au point de vue politique.

Un groupe d'officiers secondés par des hommes politiques mécontents et par un groupe d'étudiants préparèrent le changement de dynastie qui eut lieu le 29 mai-11 juin 1903. A la suite de l'assassinat du roi Alexandre et de la reine Draga, entraîné surtout par le colonel Dimitriévitch, alors capitaine, ce groupe d'officiers travailla à la réorganisation de l'armée, lutta contre la corruption politique et administrative, créa des écoles de comitadjis afin d'organiser le mouvement terroriste à l'étranger; en un mot, il provoqua la renaissance du mouvement nationaliste chez les Serbes du royaume et chez les yougoslaves qui se trouvaient alors sous l'administration étrangère.

L'annexion de la Bosnie et de la Herzégovine en octobre 1908 surexcita le sentiment national serbe et facilita singulièrement la tâche de ces officiers qui jugèrent nécessaire de fonder à l'exemple des Carbonari en Italie et du Jugendbund et des Burschenschaften en Allemagne une organisation secrète révolutionnaire en Serbie et dans les territoires yougoslaves à l'étranger (1).

(1) Voir les protocoles du procès de Salonique (édition serbe) page 352 et suivantes.

Après de longs préparatifs, « Union ou mort », appelée par les adversaires « Main noire » (1), fut fondée le 9-22 mai 1911 pour atteindre le but fixé par le prince Michel Obrénovitch (2) (1860-1868), c'est-à-dire l'union de tous les Yougoslaves sous la direction du royaume de Serbie, considérée comme le Piémont d'une « Grande Serbie ».

Afin de mieux propager leurs idées et d'augmenter le plus rapidement possible leur nombre ils fondèrent un journal indépendant où ils développèrent leurs idées : « Le Piémont » (3).

Cette organisation compta rapidement un nombre considérable d'adhérents et trouva un appui moral et matériel auprès des plus hauts fonctionnaires de l'Etat.

En Serbie, les membres appartenaient en grande partie à la classe intellectuelle, c'étaient surtout des officiers (4), tandis que dans les territoires

(1) Pour pouvoir lui attribuer des desseins fantastiques et subversifs dirigés contre l'Etat même.

(2) Voir les ouvrages de Ristitch et Givan Givanovitch : Histoire politique de la Serbie, Tome I, p. 87 et suiv. et tout récemment les mémoires de M. Pirotjanaz publiés par le journal *Politika* de Belgrade.

(3) Subventionné pour la fondation par le prince héritier Alexandre lui-même qui remit une somme de 26.000 dinars. L'entrepreneur Vasa Techitch versa aussi pour la création de ce journal une forte somme, à condition d'obtenir la concession pour la construction du nouveau parlement et il obtint, en témoignage de reconnaissance, cette concession.

(4) Voir l'extrait de la liste des membres, chapitre IV.

soumis encore à l'administration étrangère (Croatie, Bosnie, Herzégovine, Dalmatie, Slavonie, etc). les membres appartenaient en très grand nombre à la classe paysanne, ouvrière et aux cercles d'étudiants.

Ainsi l'organisation se recrutait parmi toute la population yougoslave et le nombre des membres s'éleva, d'après les affirmations de quelques-uns, jusqu'à 100 ou 150.000 en 1914 (1).

Les fondateurs à la tête desquels se trouvait de nouveau Dimitriévitch, étaient des hommes d'action et de grand mérite pour le développement du travail national (2).

A la tête de l'organisation il y avait un comité suprême central, siégeant à Belgrade et comprenant dix membres.

En Serbie se formèrent de petits cercles de trois à cinq membres (tjélié), tandis que dans les territoires soumis à l'administration étrangère les groupes (krouzoci) pouvaient avoir un nombre illimité de membres, et ce nombre fut parfois très élevé. Le comité central de Belgrade laissait à ces

(1) Ce chiffre me paraît néanmoins exagéré. Au sujet du grand nombre des membres, j'appris, en août 1914, que le quartier général était convaincu avant le commencement et au commencement même de la guerre, qu'une révolution éclaterait en Bosnie.

(2) Voir le protocole du procès de Salonique, page 362.

derniers, qui devaient faire une propagande intense, la plus grande liberté d'action. Par là s'explique le grand nombre de membres indiqué ci-dessus.

Déjà en 1909 avait été fondée la « Narodna Odbrana » (Défense nationale), reconnue par l'Etat pour développer l'idée nationale par une propagande intellectuelle. Les statuts de cette société prévoyaient aussi la culture physique; formation de sociétés de gymnastique, de tir, etc. (1). L'activité de cette société qui comptait beaucoup d'arrivistes ne parut pas suffisante aux hommes d'élite groupés autour de Dimitriévitch et c'est justement pourquoi ces derniers crurent nécessaire de créer une nouvelle organisation qui adopta, indépendamment de la propagande intellectuelle et de la culture physique, l'action terroriste. De plus, afin d'éveiller l'ardeur de la « Narodna Odbrana », un des membres les plus actifs et les plus énergiques de « Union ou mort » s'introduisit dans cette société et réussit à se faire nommer secrétaire, fonction la plus impor-

(1) Voir les statuts de cette société : « Narodna Odbrana » (texte serbe) Belgrade 1911. Imprimerie « Davidovitch », rue Detchanska, 14, pages 16 et suivantes. Il existait avant cette société une autre société d'un caractère plus agressif qui s'appelait « Slovenski Yougue » (Sud slave) qui fut dissoute à la demande de l'Autriche après l'annexion de la Bosnie.

lante (1). Il est clair que sous l'impulsion du commandant Milan Vasitch, la « Narodna Odbrana » s'engagea dans le sillage de l'organisation « Union ou Mort » tout en gardant l'apparence d'une société intellectuelle. Du reste beaucoup de membres de la « Narodna Odbrana » devinrent aussi membres de « Union ou Mort ». Naturellement lors de chaque conflit avec l'Autriche, la Turquie ou la Bulgarie au sujet d'actions terroristes, le gouvernement serbe feignait d'ignorer l'existence de « Union ou Mort », organisation secrète, instigatrice des actions terroristes et faisait remarquer très adroitement que la « Narodna Odbrana », société reconnue par l'Etat, était,

(1) Voir le discours du fameux auteur du livre « Krv Slovenstva » (sang des Slaves), Liouba Yovanovitch, à l'occasion de la fête commémorative de la « Narodna Odbrana » (*Politika* du 3 décembre 1925, n° 6326) en décembre 1925. Il est intéressant à noter que Yovanovitch lui-même a déclaré dans son discours « que la Narodna Odbrana s'est surtout occupée du développement des sociétés de tirs, de la coopération avec les autres sociétés nationalistes, et qu'elle a influencé le gouvernement et le parlement en faveur de son action. Dans toute son action la « Narodna Odbrana » a proclamé comme son devoir suprême, la libération des compatriotes à l'étranger et la réunion avec le royaume de Serbie. Elle a eu, il est vrai, comme secrétaires, des révolutionnaires tels que Pribitchévitch, Vasitch et Z. Datchitch, elle a directement influencé l'action des bandes de comitadjis, mais néanmoins elle n'y est pour rien quant à l'action de ses secrétaires. » Que de contradictions en une phrase! (Voir annexe I, pages 102-105).

d'après ses statuts, une société de propagande intellectuelle (1).

La réorganisation de l'armée et le réveil du patriotisme d'un côté, l'alliance balkanique de l'autre, permirent au gouvernement serbe de déclancher la première guerre balkanique. Ce fut de nouveau le mérite de ce groupe d'officiers de vaincre toutes les hésitations et toutes les susceptibilités du gouvernement et de l'entraîner à la guerre. La guerre même unit toute l'armée et les divergences qui existaient entre ce groupe d'officiers et les autres officiers depuis le changement de la dynastie en 1903, cessèrent enfin. Le travail assidu et la concorde dans l'armée permirent le succès des deux guerres balkaniques (1912-1913). Ces victoires eurent pour conséquence l'agrandissement inattendu de la Serbie.

A la suite de ces victoires dues uniquement à la vaillance de l'armée, le parti radical serbe, qui, jusqu'à nos jours, eut toujours la chance de pou-

(1) L'Autriche ne connaissant pas l'existence de « Union ou Mort » soupçonnait toujours la « Narodna Odbrana » d'avoir commis des actes terroristes envers ses fonctionnaires, mais le gouvernement serbe, se référant aux statuts de cette société, démontrait sans peine que les soupçons de l'Autriche n'étaient pas fondés et que ces actes terroristes étaient vraisemblablement des actes de vengeance personnelle.

voir s'approprier les succès d'autrui, fit servir ces succès au triomphe de ses propres desseins (1).

Le gouvernement radical ne songeant qu'au profit du parti, envoya dans les territoires nouvellement conquis (Macédoine et Vieille Serbie) des fonctionnaires civils partisans du cabinet radical, incapables et indignes à tous les points de vue. Ces fonctionnaires en effet ne cherchèrent que leur avantage personnel et, par leurs pillages, leurs violences, leurs assassinats, exaspérèrent à un tel point la population, que le nombre des émigrants fut très grand et que des émeutes éclatèrent (2).

Tout le corps d'officiers en Serbie et, dans les nouveaux territoires, tous les officiers, qu'ils fussent ou non membres de « Union ou Mort », se dressèrent avec indignation contre un gou-

(1) C'est ainsi que, déjà en 1903, le parti radical tira le plus grand profit du changement de la dynastie Obrénovitch, en arrivant au pouvoir sans avoir contribué de manière quelconque à ce changement. Il exploita de la même façon les victoires de l'armée serbe en 1912 et 1913, en voulant s'assurer une influence prépondérante sur la couronne et se maintenir au pouvoir. Il s'attribua même le plus grand mérite, dans le succès final de la guerre mondiale, succès qui pourtant dépendait de tant d'autres impondérables et dont il n'avait aucunement à s'enorgueillir. (Valeur de l'armée serbe, appui des alliés, intervention des Etats-Unis, etc.)

(2) Voir les articles du journal « Piémont », à cette époque, et les articles du colonel Simitch dans le journal « *Républika* » (République) de 1925, n° 17-21.

vernement qui, plaçant les intérêts du parti au-dessus des intérêts du pays, rendait stériles leurs sacrifices pendant la guerre et détruisait leur œuvre de bons patriotes.

En effet le mouvement séparatiste grandissait de jour en jour dans les territoires nouvellement acquis.

C'est là le commencement et la véritable cause du conflit entre les militaires, qui ne désiraient que le bien de leur pays, et l'autorité civile avide. Le gouvernement attribua à ce conflit d'ordre purement social le caractère de « conflit de priorité entre les autorités civiles et militaires » (1).

Les partis d'opposition se joignirent aux officiers pour réclamer le renvoi du gouvernement radical. Officiers et chefs de l'opposition avaient demandé, dès l'annexion par la Serbie, que la Constitution du royaume fût étendue aux territoires nouvellement conquis, mais le gouvernement pour des raisons égoïstes refusa tout d'abord de le faire. La mesure fut enfin prise le 20 novembre-3 décembre 1913.

(1) Le gouvernement donna à ce conflit le nom de conflit de priorité à la suite d'un incident de préséance insignifiant entre le commandant militaire et le préfet de département à Uskub pour rejeter la responsabilité de ce conflit sur les militaires et pour faire croire qu'il s'agissait d'une question de prestige et d'amour-propre de la part des officiers.

Lorsque le roi Pierre apprit, à la suite de remontrances énergiques de la part de l'opposition et des autorités militaires, ce qui se passait en nouvelle Serbie, il fut si impressionné qu'il donna sa parole d'honneur au chef de l'état-major, le voïvode Poutnik, d'exiger la démission du cabinet radical (1). Poutnik lui-même, le premier, avait fait, à ce sujet, des démarches énergiques auprès du roi.

Mais le gouvernement russe intervint alors et demanda le maintien au pouvoir du cabinet Pachitch, en prétendant que *monsieur Pachitch était indispensable à la politique de collaboration avec les alliés*. Le roi se trouva dans une position très difficile et fut obligé de s'incliner devant les exigences du gouvernement russe. Le ministère Pachitch resta donc au pouvoir et le roi qui avait donné sa parole d'honneur de procéder à un changement de gouvernement, dut se retirer sous prétexte de maladie et nomma comme régent le prince héritier Alexandre (2).

(1) Ce qui produisit surtout sur le roi une profonde impression, ce fut une protestation du général Boyovitch, commandant des troupes des nouveaux territoires, le même général qui, à Salonique en 1917, accusa pour la même cause les officiers de l'organisation de haute trahison. (Voir annexe I, pages 83-86 et 89-94).

(2) Il serait intéressant de savoir si M. Pachitch, se trouvant dans une situation si difficile, a sollicité lui-même cette démarche ou si le gouvernement russe l'a faite de sa propre

Le prince héritier prit aussitôt le parti des radicaux, ce qui aggrava naturellement le conflit, car l'armée et l'opposition virent avec peine le régent participer à la lutte et soutenir un gouvernement qui tolérait la corruption alors que l'armée et l'opposition combattaient ce gouvernement uniquement pour le bien du pays (1).

initiative. En tout cas le fait est à souligner, qu'il y avait une étroite collaboration entre Pachitch et le gouvernement russe, concernant la politique extérieure des deux pays.

(1) La première cause d'un refroidissement des relations entre le prince héritier et les officiers appartenant à l'organisation « Union ou Mort » fut le fait qu'en octobre 1911 et tout de suite après la fondation de cette organisation, le prince héritier Alexandre convoqua trois membres, les officiers Dimitriévitch, Radivoyévitch et Stoyanovitch, pour leur exprimer son désir de *devenir le chef de ce mouvement nationaliste*. Pour des raisons bien compréhensibles ces officiers s'opposèrent à cette proposition, ce qui froissa l'amour-propre du prince héritier. Jusqu'alors les membres de l'organisation « Union ou Mort » et surtout Dimitriévitch, entretenaient d'excellentes relations avec le roi et le prince héritier. Nous savons maintenant que le prince héritier fit verser une somme de 26.000 dinars (page 2) pour la fondation du journal de l'organisation « Piémont », ce qui a été publiquement confirmé par le colonel Goykovitch, lors de son procès en 1923. Le roi et le prince héritier firent aussi divers cadeaux aux officiers, membres de l'organisation, et le prince héritier se chargea de tous les frais lors de la grave maladie de Dimitriévitch en automne 1912 et fit même venir un spécialiste de Berlin, le professeur W. Zinn, qui diagnostiqua la maladie de Dimitriévitch (fièvre de Malte) et ordonna le traitement.

Le désaccord de Dimitriévitch, avec d'anciens partisans Givkovitch Kostitch et autres, qui s'insinuèrent dans l'esprit du prince héritier en rendant Dimitriévitch suspect et en le calomniant, fut la seconde cause de l'affaiblissement des relations et de la rupture.

Dès ce moment-là les chefs de l'opposition et une grande partie des officiers eurent la conviction qu'un tel régime ne pouvait assurer la prospérité du pays et qu'il était impossible dans les conditions présentes de réaliser l'idéal national.

La situation s'aggrava à un tel point qu'une guerre civile était imminente (1).

Soudain l'attentat de Serajevo, dont Dimitriévitch était le principal instigateur, se produisit (2).

Les événements qui suivirent écartèrent le danger d'une guerre civile, car tous les Serbes s'unirent pour combattre l'ennemi.

La guerre éclata. Le gouvernement se retira de Belgrade à Niche et le grand quartier général s'installa à Kragouyévatz.

(1) Voir les articles des journaux serbes de ce temps-là, mentionnés par les journaux étrangers comme par exemple par le « Temps ». Je suis personnellement persuadé que si Dimitriévitch avait été un ambitieux, comme ses ennemis le prétendent, il aurait pu déjà alors renverser la dynastie et le gouvernement. Mais son patriotisme exagéré le fit hésiter.

(2) Nous sommes aujourd'hui fixés sur les détails des préparatifs, sur la coopération de certains milieux russes représentés à Belgrade par l'attaché militaire russe, le colonel Artamanov. Aussi n'est-il plus possible de douter que le prince régent, le gouvernement, le chef d'état-major et le ministre de Russie à Belgrade, Monsieur Hartwig, aient eu connaissance du plan de l'attentat. (Voir mes articles publiés dans la revue « Kriegsschuldfrage ». Annexe II, pages 125 et suivantes).

Néanmoins les relations entre le prince héritier et le gouvernement d'un côté, et le quartier général, où les officiers de l'organisation occupaient des postes importants, jouissant de la pleine confiance du généralissime, le voïvode Poutnik, de l'autre côté, restèrent très tendues. Aucun des membres du quartier général et surtout ni Dimitriévitch ni ses amis ne songeaient à préparer un changement intérieur quelconque pendant la guerre. Tous se consacraient uniquement à la défense du pays et n'avaient d'autre préoccupation que le succès final (1).

Abusant de ce dévouement absolu à la cause nationale et à l'indéfectible cohésion de l'armée, le prince régent et le parti radical, sentant qu'ils seraient menacés dès que la guerre serait finie, commencèrent, dès 1915, à prendre certaines mesures pour leur propre défense:

(1) Le quartier général serbe prévoyant une attaque du côté bulgare exigea du gouvernement dès le commencement de 1915 qu'on formât le front de Salonique, de crainte que les Bulgares ne coupassent la retraite de l'armée serbe par la vallée du Vardar. Quand, en automne 1915, la guerre avec la Bulgarie devint imminente le quartier général proposa d'envahir la Bulgarie pour interrompre la mobilisation bulgare, mais le gouvernement n'adhéra pas à ces propositions, de sorte que l'armée bulgare put envahir le territoire serbe et la retraite de l'armée serbe dut s'effectuer avec des pertes énormes par l'Albanie. Le communiqué publié dans l'annexe I, page 74 montre par ses chiffres exagérés de quelle façon le gouvernement induisait parfois en erreur le quartier général.

Dimitriévitch qui avait un poste très important au quartier général fut écarté et nommé chef d'état-major de l'armée de Ouzitsa qui se composait seulement de deux brigades. Puis des officiers, adversaires personnels de Dimitriévitch, se groupèrent autour du prince régent et formèrent une camarilla qui s'organisa plus tard sous le nom de « Main Blanche », en opposition à l'organisation « Union ou Mort » dite « Main Noire » (1).

Par la voie de la section de la police d'état au quartier général, le gouvernement créa une police spéciale secrète pour surveiller les autres officiers et surtout ceux de l'organisation « Union ou Mort » afin d'être renseigné sur leur état d'esprit et sur leurs sentiments à l'égard du prince régent, du parti radical et de la « Main Blanche ». Il s'agissait donc d'intérêts particuliers et non des intérêts de la patrie (2).

(1) Les membres principaux de cette nouvelle organisation étaient : le colonel Pétar Givkovitch, le colonel Joseph Kostitch, l'aide de camp Paul Yourichitch-Stourme, le colonel Pétar Michitch, président du tribunal militaire de première instance contre les accusés, le colonel Milan Dounitch, juge d'instruction lors du procès et le général Mirko Milosavcjévitch, président du tribunal militaire suprême à Salonique, etc...

(2) Le chef de cette police secrète était le commissaire de police Constantin Jouzakovitch, décédé par suite d'aliénation mentale.

L'occupation de la Serbie en automne 1915 par les austro-allemands obligea le gouvernement et le reste de l'armée à fuir par l'Albanie et à débarquer à Corfou en décembre 1915 et en janvier 1916.

Avec l'aide et sous le contrôle des alliés la réorganisation de l'armée serbe s'effectua en quelques mois.

Protégés par les canons des alliés et se trouvant en territoire étranger, le prince régent et le parti radical profitèrent de cette occasion exceptionnelle pour renforcer leurs mesures de propre défense vis-à-vis de tous les officiers qu'ils soupçonnaient de leur être hostiles.

On releva de leurs fonctions tous les officiers membres ou amis de l'organisation « Union ou Mort ». Ainsi furent révoqués le chef du grand état-major, le voïvode Poutnik, et son sous-chef, le général Goyko Pavlovitch, et plusieurs commandants d'armée, de divisions, de brigades et de régiments. Ces chefs furent remplacés par des partisans du prince-régent et des radicaux, officiers sur lesquels on croyait pouvoir s'appuyer contre les officiers de l'organisation « Union ou Mort ».

On envoya ensuite beaucoup de membres ou d'amis de l'organisation « Union ou Mort » à l'étranger. C'est ainsi que plusieurs officiers supérieurs furent envoyés en Russie pour former de nouveaux régiments avec des prisonniers autrichiens de nationalité slave (1).

Après sa réorganisation à Corfou (février-avril 1916) l'armée serbe fut transportée à Salonique et mise sous les ordres du général Sarrail (2).

Pour éloigner aussi le colonel Dimitriévitch on avait eu l'intention de le nommer en octobre 1916 attaché militaire auprès de l'armée belge, et Monsieur Pachitch fit connaître ce projet au gouvernement belge (3) mais Dimitriévitch ne rejoignit pas son poste; même en l'éloignant ainsi, le gouvernement radical redoutait son influence, et l'on crut être plus sûr de lui en le nommant sous-chef d'état major de la troisième armée, dont le commandant le général Miloch Vasitch était un de ses plus acharnés adversaires (4).

(1) Les commandants, Bozin Simitch, Radoyé Yankovitch, Voislave Goykovitch, Alexandre Srb et autres.

(2) Le général Sarrail a publié après la guerre un livre intitulé : « Mon commandement en Orient 1916-1918 » où il fait aussi mention du procès de Salonique. Voir annexe I, pages 105-106.

Dans l'intérêt de la justice et de la vérité il serait à désirer que le général Sarrail éclaircisse encore certains points de ce procès.

(3) Le gouvernement belge fut bien étonné d'apprendre que cet officier fut quelques mois plus tard inculpé de haute trahison, jugé et condamné à la peine de mort.

(4) Ici il faut souligner le fait que Dimitriévitch fut inculpé en décembre 1916, comme nous le verrons plus

Les événements ayant été ainsi préparés, il parut au prince régent, à la « main blanche » et au parti radical que le moment était venu de se débarrasser définitivement de Dimitriévitch et de ses amis (1). Leurs anciens griefs, leurs qualités militaires et morales, leur influence considérable sur toutes les classes de la société, leur action terroriste et *surtout leur connaissance approfondie des dessous de la propagande serbe, toujours appuyée par le gouvernement et dirigée contre l'Autriche*, étaient vraiment trop dangereux. En outre la situation politique et militaire était à ce moment très précaire et nous avons des raisons de croire que le prince-régent et le gouvernement pensaient alors que l'anéantissement de Dimitriévitch et de son groupe rendrait l'Autriche plus accommo-

tard, d'avoir *tenté un attentat contre le prince régent dès le 29 août 1916*, sa nomination en octobre comme sous-chef d'état-major d'une armée est la meilleure preuve que ce soi-disant attentat fut ultérieurement imaginé pour discréditer un personnage gênant.

(1) Déjà en novembre 1912 l'oncle du prince héritier Alexandre Yacha Nenadovitch, ministre à Constantinople m'avait dit, lors de son séjour à Berlin, que la Cour était au courant des agissements de Dimitriévitch — ceci probablement à la suite des dénonciations de ses anciens partisans Givkovitch et Yourichitch — et qu'il prît bien garde de ne pas finir à la Karabourma — où ont lieu les exécutions capitales, aux environs de Belgrade. Ceci m'a été aussi confirmé par une parente de Nenadovitch, Mme Ljoubitsa Barlovatz à qui il s'était exprimé aussi auparavant en termes analogues.

dante en cas de négociations de paix séparée (1).

On songea d'abord à assassiner Dimitriévitch.

Le commandant de la garde royale, ami personnel du prince-régent, le colonel Pierre Givkovitch, actuellement général et encore maintenant commandant de la garde (2) promit, au commencement d'août 1916, une somme de 20.000 drachmes or à trois comitadjis afin qu'ils assassinent Dimitriévitch. Une auto du ministère de l'intérieur, conduite par un agent de police devait mettre les assassins en sûreté, en les menant à la frontière albanaise. Ces comitadjis se rendirent en effet près de Salonique en un endroit où les fonctions de Dimitriévitch l'obligeaient à venir chaque jour, mais ce jour-là Dimitriévitch ne vint pas, car un de ces comitadjis l'avait prévenu (3). Ce comitadji refusa de commettre le crime et on possède de lui un protocole détaillé sur les conditions de cette tentative de meurtre.

(1) Voir à ce sujet la brochure anonyme « Le procès de Salonique » et l'offre de paix séparée de l'Autriche aux alliés (5 décembre 1916-12 octobre 1917) publiée par le journal « Glasnik » (Messager) en 1923 (texte serbe).

Voir aussi annexe II, pages 174-183, article du journal de Vienne « Tribunal ».

(2) Si l'on tient compte des faits mentionnés jusqu'à présent dans cette étude il est hors de doute, que cette tentative d'assassinat a dû avoir l'approbation du prince régent et du ministre de l'intérieur Ljouba Yovanovitch.

(3) Nouveau signe de l'influence personnelle de Dimitriévitch sur son entourage.

N'ayant pas réussi à faire assassiner Dimitriévitch, le prince-régent et le gouvernement cherchèrent un prétexte pour le mettre en accusation (pour un crime, entraînant la peine de mort).

On l'arrêta tout d'abord sous l'inculpation d'avoir négocié avec l'ennemi et d'avoir voulu passer avec une partie de l'armée serbe à l'ennemi.

Pour justifier cette accusation, le ministre de l'intérieur, Yovanovitch, et le ministre de la guerre, le général Boza Térzitch, donnèrent lecture à la séance du conseil des ministres du 6-19 décembre 1916 de deux pièces falsifiées (1).

C'est seulement après la lecture de ces deux pièces que les trois ministres qui n'appartenaient pas au parti radical et qui étaient des amis personnels de Dimitriévitch, Ljouba Davidovitch, Milorade Drachkovitch, et Voïja Marinkovitch consentirent à son arrestation (2).

Mais cette arrestation ne pouvait être effectuée qu'avec le consentement et sur l'ordre du général Sarrail. J'ignore pour quelle raison le général Sarrail donna cet ordre et de quelle façon on obtint son consentement (3).

(1) Communication de M. Mirko Pétchar, ancien secrétaire du Ministère des Affaires Etrangères.

(2) M. Drachkovitch, étant mort, MM. Davidovitch et Marinkovitch devraient s'expliquer sur ce point.

(3) Le général Sarrail n'en fait pas mention dans son livre indiqué page 105.

Le colonel Dimitriévitch fut arrêté le 15 décembre 1916 et l'arrestation de ses amis suivit bientôt (1).

Le gouvernement fit publier aussitôt un communiqué disant que les officiers, membres de la « Main Noire » avaient été arrêtés, parce qu'ils voulaient rendre aux austro-allemands le front occupé par l'armée serbe et qu'ils seraient traduits devant un conseil de guerre.

Le gouvernement serbe voulait les traduire devant un conseil de guerre, afin de pouvoir les condamner à la peine de mort. Les ministres qui n'appartenaient pas au parti radical, s'étant opposés à cette demande en déclarant que si elle était acceptée, ils donneraient leur démission, on consentit à les traduire devant le tribunal militaire ordinaire (2).

Mais comme on ne put maintenir, faute de

(1) Ces arrestations se poursuivirent jusqu'au mois de mars 1917.

(2) Dans la deuxième moitié de 1916 le quartier général qui se trouvait alors à Salonique demanda au gouvernement par le ministre de la guerre, que la compétence des cours martiales pour les simples soldats fût aussi étendue aux officiers et aux autres fonctionnaires militaires. Le gouvernement n'adhéra cependant pas à cette demande, par crainte qu'une loi pareille ne fût un jour applicable aux officiers adversaires des officiers de l'organisation « Union ou Mort » et à cause de l'opposition des ministres, n'appartenant pas au parti radical. (Gouvernement de coalition).

preuves suffisantes, l'inculpation de haute trahison, on chercha à les accuser d'un autre crime entraînant comme le premier la condamnation à mort.

On les accusa de tentative d'assassinat contre le prince-régent. Cet attentat, d'après l'accusation, avait eu lieu le 29 août-11 septembre 1916, c'est-à-dire quatre mois et demi après la mise en accusation. Et personne, à l'exception des accusateurs, n'en avait eu aucune connaissance (1).

Dimitriévitch et deux autres accusés furent condamnés à la peine de mort, bien que ce prétendu attentat n'ait jamais été commis et qu'aucune preuve n'ait pu être fournie (2).

(1) L'incertitude régnait même au sujet de la date. On déclara d'abord au tribunal que l'attentat avait eu lieu le 28 août-10 septembre mais comme il fut constaté, d'après le journal de la cour du prince héritier, qu'aucune sortie en auto sur le front n'avait eu lieu ce jour-là, on fixa comme date de l'attentat le 29 août-11 septembre. De plus il existe un télégramme du président du conseil des ministres Pachitch, adressé au ministre de l'intérieur Ljouba Yovanovitch, à Salonique rédigé de cette façon : « Fixez la date de l'attentat au 29 août. »

(2) Il y eut une intervention de la part du gouvernement Russe (Kerenski) afin d'empêcher l'exécution et Kerenski fit même remarquer que cette exécution porterait atteinte aux bonnes relations entre la Russie et la Serbie. Même le gouvernement anglais intervint, par un télégramme en faveur des condamnés, la veille de l'exécution, mais le gouvernement serbe, donna le même jour l'ordre de l'exécution pour la nuit suivante, afin de pouvoir s'excuser auprès du gouvernement anglais en déclarant que le télégramme était arrivé trop tard.

II

Le Procès de Salonique au point de vue juridique.

Au point de vue juridique nous trouvons dans le procès de Salonique de nombreuses violations des prescriptions légales.

1. Dimitriévitch et ses amis furent arrêtés sous l'inculpation de haute trahison. (Négociations avec l'ennemi, tentative de rendre une partie du front serbe à l'ennemi. Code pénal serbe §§ 85 et 85 g.).

2. L'autorité compétente incapable de produire des preuves suffisantes pour ces délits, changea d'accusations et inculpa ces officiers d'excitation à l'émeute et de tentative d'attentat contre le prince-régent. (Code pénal serbe § 85 e et § 87 a.).

Mais, comme nous le démontrerons bientôt, l'accusation ne put prouver au point de vue juridique l'existence de ces délits et par conséquent non plus la culpabilité des accusés, ni au sujet de l'excitation à l'émeute, ni au sujet de l'attentat et elle dut recourir à un système de présomptions et d'indices.

3. Le tribunal fut composé de personnes qui, en 1903, faisaient partie du groupe d'officiers

conspirateurs qui assassinèrent le roi Alexandre et la reine Draga et qui, plus tard, sont devenus des ennemis personnels acharnés des accusés. (Exclusion de juges, première raison pour une demande de révision du procès. Loi de procédure pénale § 43 n° 6) (1).

4. Il est prouvé que la camarilla du prince régent, afin de charger les accusés, accumula contre eux les faux témoignages et donna des instructions au tribunal (2).

5. Bien que les témoins se soient contredits, le tribunal ne tint aucun compte des requêtes des accusés qui auraient pu facilement démolir le système d'accusation.

6. Les accusés ne purent choisir leurs défenseurs. Ceux qui assumèrent leur défense étaient de valeur médiocre à tous les points de vue et pour la plupart étaient dépourvus de science juridique.

7. La salle où eut lieu le procès était très petite, l'auditoire très restreint put donc très facilement être composé de gens hostiles aux accusés (mouchards, espions, agents de police, etc.). Le gou-

(1) Les accusés étaient tellement convaincus de leur innocence, qu'ils ne jugèrent pas nécessaires de récuser les juges.

(2) Le président du tribunal, le colonel Michitch reçut chaque jour par l'intermédiaire du commandant de la Garde Royale, le colonel Givkovitch, des ordres et des instructions du prince régent.

vernement défendit à ses fonctionnaires et aux officiers d'assister aux séances. L'élite de la nation étant dans les tranchées, les accusés se trouvaient dans une atmosphère absolument hostile.

8. *Le document principal de l'accusation n'était pas complet* (les statuts de l'organisation « Union ou Mort »).

Tous les passages des statuts qui se rapportaient à la propagande nationale de cette organisation et à son action terroriste à l'étranger, furent supprimés. Ces passages prouvaient cependant avec une clarté décisive que l'organisation, secrète assurément, était purement patriotique et dirigée exclusivement contre l'étranger, dans le but de libérer les Yougoslaves assujettis à l'étranger.

En aucun cas les statuts, même tronqués, ne pouvaient autoriser la mise en jugement de leurs auteurs sous n'importe quel chef d'accusation.

9. Et même, si l'on pouvait admettre que ces statuts permettaient la mise en jugement, il est clair que les poursuites judiciaires auraient dû être intentées *dès la fondation de l'organisation, en* 1911. Le gouvernement fut en effet parfaitement informé de la création de cette organisation et alors les autorités étaient obligées de poursuivre d'office les délinquants.

10. Parmi les membres de l'organisation « Union

ou Mort » le gouvernement, avant de les faire mettre en accusation, distingua trois catégories :

a) Groupe des amis de Dimitriévitch, qui tous furent accusés et condamnés à des peines sévères.

b) Groupe des non adhérents au parti radical, qui furent seulement relevés de leurs fonctions, transférés, pensionnés ou internés à Bizerte.

c) Groupe des adhérents au parti radical qui ne furent nullement inquiétés et qui conservèrent même leurs hautes fonctions (1).

11. L'accusation portée contre Dimitriévitch et ses amis pour excitation à l'émeute fut basée sur la lettre que Dimitriévitch avait écrite en 1914 à des amis, se trouvant alors dans les régions nouvellement conquises (Macédoine, Vieille Serbie). Dans cette lettre Dimitriévitch protestait contre les menées indignes des fonctionnaires civils et préconisait comme remède à un état de choses lamentable, la substitution, à l'autorité civile incapable, de l'autorité militaire.

Les amis de Dimitriévitch refusèrent de le suivre dans cette voie et c'est pourquoi, si la lettre de Dimitriévitch prouvait l'excitation à l'émeute, Dimitriévitch seul devait être poursuivi, et non ses amis qui n'avaient pas écouté ses conseils.

(1) Voir annexe I, pages 99-101.

Au point de vue juridique il n'y eut donc ni émeute, ni essai d'émeute de la part de Dimitriévitch, moins encore de la part de ses amis. Il ne pouvait donc être question, et pour Dimitriévitch seulement, que d'une provocation à l'émeute qui n'eut aucune suite.

Quant à la tentative d'attentat contre le prince régent il importe de relever les faits suivants :

1. L'attentat aurait eu lieu, d'après l'accusation, le 29 août-11 septembre 1916. Les officiers furent seulement inculpés de ce crime en 1917.

Jusqu'à cette date on cachait l'existence d'un pareil attentat, dirigé pourtant, en temps de guerre, contre un prince régent, commandant en chef de l'armée d'un Etat. Personne n'avait connaissance de cette tentative d'attentat.

2. Aucune constatation judiciaire ne fut faite sur les lieux du soi-disant attentat immédiatement après le 29 août-11 septembre, comme la loi l'exige. On procéda aux constatations du crime sur place sept mois seulement après, le 20 mars-2 avril 1917. Evidemment, après un aussi long espace de temps, on ne put faire aucune constatation d'une importance juridique quelconque.

3. Les quatre témoignages qu'on peut considérer comme ayant quelque valeur étaient les suivants :

a) Une personne (1) prétendit avoir vu tirer le confident de Dimitriévitch, Rade Malobabitch, contre l'auto du prince. Ce témoin avait commis en 1916 un assassinat et se trouvait en prison, pour ce délit, au moment du jugement des officiers, et n'avait pas encore été jugé, quand il fit cette déposition devant le juge d'instruction. Il était selon la loi obligé de la faire tout de suite, c'est-à-dire le 29 août-11 septembre 1916, ce qu'il n'a pas fait. Ce témoin prétendit avoir été à une distance de 40 à 50 mètres de l'auteur de l'attentat et l'avoir vu tirer quand l'auto avait déjà dépassé la place où il se trouvait (2). Il ne savait pas qui se trouvait dans l'automobile et il ne sut pas davantage affirmer si l'auto était ouverte ou non. Il ne sut non plus rien dire au sujet de la distance à laquelle l'auteur avait tiré. Notons du reste — le fait est très important au point de vue juridique — qu'aucun autre témoin ne prétendit avoir vu tirer l'auteur de l'attentat.

(1) Il s'agit de Temeljko Veljanovitch, ordonnance du commandant Voulovitch.

(2) Il s'agissait d'une distance de 250 à 300 mètres entre l'auteur et l'auto, mais le tribunal coupa la parole aux témoins qui parlaient de cette distance qui rendait bien invraisemblable un attentat sérieux.

A l'occasion de ce témoignage, le colonel Dimitriévitch fit remarquer, qu'il y avait toujours à cette place-là un poste militaire (sentinelle).

En un pareil cas la loi serbe (procédure pénale § 229 IV), exige strictement le témoignage concordant de deux témoins, ou l'aveu même de l'accusé. Si ces conditions ne se réalisent pas dans le cas qui nous intéresse, aucun accusé ne peut être condamné à la peine de mort (1).

Néanmoins, Malobabitch accusé comme auteur de l'attentat et le colonel Dimitriévitch et le commandant Voulovitch accusés comme instigateurs furent condamnés à la peine de mort et exécutés, ce qui constitue une grave infraction à la loi et une raison de plus, parmi tant d'autres, d'exiger la révision de ce procès.

b) L'aide de camp du prince-régent, le colonel Paul Yourichitch-Stourme, membre de la « Main blanche » et par conséquent ennemi acharné de Dimitriévitch, qui était aussi dans l'auto, prétendit avoir entendu deux coups de fusil et le sifflement des balles au-dessus de l'auto qui filait à une vitesse d'environ quarante kilomètres (2).

c) Le chauffeur de l'auto, le marquis Antoine

(1) Jamais en Serbie une pareille violation de la loi ne s'accomplit. Dans un autre procès de meurtre il y avait un témoignage indubitable, quant au crime commis, et néanmoins l'accusé ne fut pas condamné à la peine de mort, parce qu'il n'y avait qu'un témoin.

(2) Tout près du lieu du soi-disant attentat, se trouvait un camp anglais. Le colonel Yourichitch demanda si on avait vu quelqu'un, mais on lui répondit qu'on n'avait vu personne.

de Besiade d'Avaray, né à Liége en Belgique, prétendit aussi avoir entendu deux détonations mais sans ajouter qu'il avait entendu le sifflement (1).

d) Les détectives français qui suivaient en auto, l'auto du prince à une distance de 200 à 250 mètres firent aux autorités françaises une déposition au sujet de cet incident.

Les accusés réclamèrent la lecture de cette déposition, mais, à la demande du tribunal, le ministre de l'intérieur, Ljouba Yovanovitch, qui cependant était en possession de cette déposition, refusa de la communiquer au tribunal, en prétendant qu'elle était sans importance.

Nouvelle infraction à la loi, nécessitant une révision du procès (Infraction au § 142 de la procédure pénale serbe).

e) Après qu'on eut entendu les détonations, le prince régent fit tout de suite stopper l'auto et en descendit. Les détectives français et la suite du prince firent des recherches immédiates sur place, mais ne trouvèrent personne. Seul un jeune berger se trouvait dans ces parages.

f) Il est important que le prince régent lui-

(1) Dans son carnet il nota cet incident de la façon suivante : « Lundi 11 septembre, on tire deux coups de fusil sur la voiture du prince en partant d'Ostrovo pendant que je le ramène à Vladovo. Pas de mal. » Voir le protocole du procès, page 236.

même ait eu alors l'impression qu'aucun attentat n'avait été commis, estimant que son entourage, par crainte excessive, s'imaginait le contraire.

g) A noter aussi que l'incertitude qui régnait au sujet de la date 28 ou 29 août 1916 du soi-disant attentat fut dissipée seulement par l'ordre officiel du président du Conseil Pachitch de fixer cette date au 29 août (1).

h) Un juge du tribunal supérieur, le Colonel Gatalovitch, refusa de signer l'arrêt, parce que, d'après lui, la condamnation à la peine de mort était illégale (2). Néanmoins cet arrêt fut signé par les autres juges et les condamnés furent exécutés.

De nouveau une grave infraction à la loi.

Il est évident que, si l'on considère attentivement tous ces faits, la justice exige impérieusement, pour l'honneur du pays lui-même, et dans l'intérêt des familles des condamnés, et des condamnés mêmes une reprise de l'instance afin que la vérité soit établie d'après les strictes exigences de la Loi.

(1) Voir ci-dessus, page 20, note 1.
(2) Pour cette raison il fut mis à la retraite.

III

Le procès de Salonique
au point de vue des responsabilités de la guerre.

Le procès de Salonique a, sous maints rapports, une grande importance pour l'éclaircissement de la question des responsabilités de la guerre.

Les données suivantes ont à ce point de vue une importance particulière :

1° Il ressort du protocole du procès de Salonique que l'existence de l'organisation « Ujedinjeje ili Smrt » (Union ou Mort) était connue de la cour et du gouvernement serbe dès sa fondation en 1911.

A ce sujet nous possédons différentes preuves qui peuvent nous servir de points de repère :

a) Publications diverses sur l'existence de cette Union dans les journaux serbes (où elle était désignée sous la dénomination de « Main noire »).

b) Le fait que différents ministres connaissaient l'existence de cette organisation (Le Ministre de l'Intérieur, Stojan Protitsch, protocole pp. 32 et 354. Le Ministre des Affaires Etrangères Milovanovitch, protocole pp. 168 et 177 i. f.).

c) Le fait que certains membres du parti radical, ce qui est caractéristique, étaient aussi membres de cette organisation. (Miloutine Yovanovitch, neveu de M. Pachitch, Michael Rankovitch (N° 202) et d'autres (1).

d) Le fait que le gouvernement serbe, par des confidents et agents provocateurs, tels que : Ziganovitch, membre de l'organisation N° 412 et Yovan Milosavljevitch N° 203 et autres, a été mis au courant de l'existence de l'organisation.

2° Il a été officiellement constaté lors du procès de Salonique qu'il existait, à côté d'autres associations nationalistes, une organisation patriotique secrète « Ujedinjenje ili Smrt » (Union ou Mort) qui visait avant tout à atteindre l'idéal national par des moyens terroristes (protocole, p. 357).

3° Il ressort du protocole qu'il s'agissait d'une organisation très étendue portant partout ses ramifications et comptant un très grand nombre de membres (2).

4° Le protocole a démontré que cette organisation avait des sous-comités à l'étranger, non seulement dans les pays contre lesquels elle était

(1) Voir la liste des membres de l'organisation « Union ou Mort ».
(2) Voir ci-dessus, page 3.

dirigée essentiellement, la Turquie et l'Autriche-Hongrie, mais aussi dans les pays où l'on pouvait compter que ce mouvement serait appuyé. (En France, en Russie, etc. (1).

5° Pour ce qui concerne la Serbie, les membres se recrutaient dans toutes les classes de la société. Le contingent principal était fourni par le corps des officiers. On y trouvait, outre ceux-ci, des fonctionnaires de la justice et de la police, des professeurs, des instituteurs, des étudiants, des ecclésiastiques, des fonctionnaires appartenant aux milieux les plus divers, tels que des fonctionnaires du ministère des Affaires Etrangères, des membres du parlement — même un vice-président du parlement (Skoupchtina) (2) en faisait partie — des hommes de professions libérales, des médecins, des avocats, des négociants, etc. Dans les territoires yougoslaves de la monarchie austro-hongroise, les membres se recrutaient en majorité parmi les paysans et dans les classes ouvrières, ce qui explique le grand nombre des adhérents.

6° Toutes les personnes qui ont participé à l'attentat de Serajevo (Prinzip, Grabez, Ilitsch, Tcha-

(1) Voir les statuts de l'organisation, page 42, n° 4.
(2) Voir page 57, n° 21.

brinovitch, Gatchinovitch, etc.) étaient des membres de l'organisation.

7° Le roi Pierre, le prince héritier Alexandre et le prince Georges, de même que certains membres des différents gouvernements étaient en relations assidues et amicales avec les officiers de cette organisation. Qu'on se rappelle la subvention du prince héritier pour la formation du journal de l'organisation « Piémont », ses cadeaux de divers genres, ses relations amicales avec Milan Vasitch de même qu'avec Zivojin Datchitch de la « Narodna Odbrana, » ses secours matériels procurés à Dimitriévitch pendant sa maladie en automne 1912 (protocole, p. 195), l'octroi de petites sommes à Milan Vasitch pour la propagande terroriste-nationaliste. Feu le ministre des Affaires Etrangères, qui était lui-même un homme très intelligent et auquel j'ai eu l'occasion de présenter Dimitriévitch, avait une très haute opinion de la valeur et des talents de ce dernier comme organisateur et il était en relations très actives avec lui (1). Il était tenu au courant par celui-ci du but et des visées de l'organisation (protocole, p. 177), et mettait des sommes importantes à sa disposition pour lui permettre d'intensifier la propa-

(1) Voir annexe II, pages 166-167.

gande. Dimitriévitch était également en relations d'étroite amitié avec le chef de l'État-Major, le voïvode Poutnik et il exerça une influence prépondérante sur tous les ministres de la guerre de 1903 à 1914. On peut même dire que jusqu'en 1914 les ministres de la guerre étaient nommés par le roi d'après ses propositions.

8° La connaissance qu'avaient la cour et le gouvernement serbe de toutes les actions terroristes ressort également d'un memorandum, daté du 28 février 1924 et adressé au parlement (Skoupchtina) par les officiers condamnés dans le procès de Salonique (1).

Dans ce memorandum il a été établi :

Que la « Ujedinjeje ili Smrt » était une organisation patriotique, dont le travail et l'activité qui favorisaient les desseins des autorités compétentes avaient toujours été connus d'elles.

9° L'intimité des relations entre les gouvernements russe et serbe d'une part, entre les ministres Pachitch et Milovanovitch et le ministre de Russie à Belgrade, Hartwig, d'autre part, ressort suffisamment de la correspondance du ministre de Russie à Belgrade avec son gouverne-

(1) Voir annexe II, pages 109 et suivantes.

ment. Ce ministre était continuellement renseigné sur les actes les plus intimes du gouvernement serbe par ce gouvernement lui-même (1), de même qu'il avait connaissance de tous les actes importants de l'organisation « Ujedenjenje ili Smrt ». Ce qu'il importe de remarquer pour bien juger ces relations, c'est la collaboration étroite des États-Majors russe et serbe et les relations intimes du colonel Artamanov, attaché militaire russe à Belgrade, avec le colonel Dragoutine Dimitriévitch, chef du bureau d'informations de l'État-Major.

10° L'attentat de Serajevo est la clef de voûte d'un système dont le plan général et les détails particuliers nous sont presque entièrement révélés. Ce ne fut pas l'œuvre de la jeunesse bosniaque, ce fut l'œuvre de la « Main noire », l'œuvre de toute la puissance gouvernementale serbe qui voulait le démembrement de la monarchie austro-hongroise (2). Ce n'est pas seulement à l'occasion des manœuvres et à cause de sa visite le jour de la Saint-Guy, en Bosnie, c'est dès 1912 que l'archiduc héritier autrichien François-Ferdinand devait être assassiné. Déjà alors des fanatiques bosniaques, préméditaient ce meurtre, déjà alors

(1) Voir mon livre « Les causes de la guerre », page 19.
(2) Voir annexe II, pages 151 et suivantes.

de Belgrade, on les pourvoyait dans ce but d'argent et d'armes. Ce ne sont pas des comparses sans autorité qui ont favorisé ces agissements, jugés patriotiques par le nationalisme serbe. Même le prince héritier en personne, actuellement roi de Yougoslavie, Alexandre, encouragea pécuniairement ces actes terroristes, parce qu'il était convaincu lui aussi que seule la disparition de l'archiduc François-Ferdinand permettrait à la Serbie de réaliser pleinement son idéal national.

11° Le soi-disant auteur de l'attentat contre le prince héritier du 28 au 29 août 1916, Rade Malobabitch, a joué un rôle singulier au cours du procès de Salonique (1). A l'occasion du procès de haute trahison d'Agram en 1908, il avait été condamné à la grave peine du cachot, mais la cassation de l'arrêt lui avait permis de recouvrer la liberté assez rapidement. Depuis 1912, il était le confident de l'État-Major serbe, et il lui aurait rendu des services éminents d'après le témoignage du colonel Dimitriévitch lui-même (2).

Toutefois la police serbe était d'un autre avis et le tenait pour un espion qui aurait été également au service de l'Autriche. D'après mes informations auprès des autorités compétentes en Au-

(1) Voir le protocole du procès de Salonique.
(2) Voir annexe I, pages 78-83.

triche, cette hypothèse de la police serbe était sans fondement. Avant que n'éclatât le conflit du prince héritier avec l'organisation « Ujedinjenje ili Smrt » (Union ou Mort), Malobabitch paraît avoir participé à des attentats terroristes, et avoir eu des relations personnelles avec le prince héritier. Le commandant Milan Vasitch, le membre actif de la « Main-Noire », l'a conduit plusieurs fois le soir, clandestinement, dans le palais royal, et le prince héritier lui remit de l'argent. Le prince héritier lui conseilla aussi de se faire assurer à très courte échéance et d'exiger qu'en cas de mort le montant de l'assurance fût versé à l'organisation « Ujedinjenje ili Smrt » et le prince héritier se déclara prêt à payer les primes dans ce but. Si l'on tient compte du fait, que Malobabitch était désigné par les officiers de l'organisation, surtout par le colonel Dimitriévitch et par le commandant Voulovitch, qui lui aussi était particulièrement au courant de la propagande terroriste comme l'un des plus précieux collaborateurs à ce point de vue et comme un patriote passionné, (voir protocole, pp. 160 et 201), on peut fort bien admettre qu'il avait été réellement désigné pour certaines missions particulières, délicates et importantes. Et dès lors ne faut-il pas faire remarquer qu'on a jugé bon de faire exécuter précisément ces trois personnalités si énergiquement agissantes, (Dimitriévitch, Voulovitch et Malobabitch) à l'occasion du procès de Salonique, et qu'il est fort probable que le commandant Milan Vasitch aurait subi le même sort, s'il n'avait eu la chance d'être tué à l'ennemi, pendant la guerre contre les Bulgares, en automne 1915.

Tous ces faits sont bien mystérieux et jettent une étrange lumière sur l'ensemble des événements. Il y aurait encore beaucoup à apprendre si le souci de leur propre existence n'empêchait des témoins de Yougoslavie de divulguer ce qu'ils savent.

12° Autre fait très significatif : dès le début du procès de Salonique, on fit appel au patriotisme des accusés pour leur demander de ne faire aucune allusion à l'attentat de Serajevo et en général de ne pas parler de faits se rattachant à l'action de propagande à l'étranger et qui auraient pu nuire au gouvernement serbe.

13° Quand le procès fut terminé et après la condamnation des officiers on exigea de chacun d'eux en particulier une déclaration écrite sur ce qu'ils savaient de l'attentat de Serajevo. On sait que le colonel Dimitriévitch a remis une déclaration, dans laquelle il se déclarait seul coupable de l'attentat de Serajevo, mais en ajoutant que la cour, le gouvernement, le ministre de Russie et l'attaché militaire russe, avaient eu connaissance des préparatifs de l'attentat. Jusqu'ici on n'a pas pu obtenir du gouvernement serbe la publication de cette pièce, et certainement il l'aurait publiée, si Dimitriévitch n'avait pas fait pareils aveux. Il paraît que ce document se trouve entre les mains de Ljouba Yovanovitch qui était alors ministre de l'Intérieur, de ce même Yovanovitch qui, dans son livre « Krv Slovenstva » (Le sang des Slaves), a déclaré que Pachitch et Stojan Protitch, ministre de l'Intérieur peu de temps avant l'assassinat de l'archiduc François-Ferdinand, avaient eu connaissance des préparatifs, et qui, lors de son récent conflit avec M. Pachitch, a offert de fournir au gouvernement, s'il y consentait, un ensemble important de documents nouveaux. Le ministre des Affaires Etrangères, Nintchitch, l'invita aussitôt à renoncer à fournir de nouveaux éclaircissements. C'était avouer nettement que les documents offerts étaient dangereux pour le gouvernement serbe de 1914.

IV

Statuts de l'organisation « Ujedinjenje ili Smrt » (Union ou Mort) dite « Main Noire » (1).

I. — *But et nom de l'organisation.*

Article Premier. — Cette organisation est créée dans le but de réaliser l'idéal national : l'union de tous les Serbes. Chaque Serbe, sans distinction de sexe, de religion, de lieu de naissance et tous ceux qui sont sincèrement dévoués à cette cause peuvent en devenir membres.

Art. 2. — Cette organisation préfère une action terroriste à la propagande intellectuelle, et pour cette raison elle doit rester absolument secrète pour les non-adhérents.

Art. 3. — L'organisation porte le nom de : *Ujedinjenje ili Smrt* (Union ou Mort).

Art. 4 — Pour accomplir son devoir, l'organisation :

1° Influence, afin d'atteindre son but, les mi-

(1) Les passages imprimés en italique sont ceux qui furent biffés, lors du procès de Salonique, par ordre du gouvernement serbe.

lieux gouvernementaux, les différentes classes et toute la vie sociale du Royaume de Serbie, considéré comme « Piémont » ;

2° *Organise l'action révolutionnaire dans tous les territoires habités par des Serbes ;*

3° *Lutte hors des frontières du Royaume de Serbie par tous les moyens contre les adversaires de cette idée ;*

4° *Maintient des relations amicales avec tous les États, peuples, organisations et particuliers qui ont des sentiments d'amitié envers la Serbie et l'élément serbe ;*

5° *Prête de toute façon secours et appui à tous les peuples et à toutes les organisations qui luttent pour leur libération nationale et pour leur union.*

II. — *Les compétences de l'organisation.*

Art. 5. — Un comité central, dont le siège est à Belgrade, est à la tête de cette organisation. Il exerce le pouvoir exécutif.

Art. 6. — Le nombre des membres du comité central n'est pas limité, mais en principe il doit être le plus restreint possible.

Art. 7. — Le comité central de Belgrade comprend, outre les membres du Royaume de Serbie, un délégué *de tous les territoires serbes à l'étranger (Pokraine) : 1° de la Bosnie et de l'Herzégovine; 2° du Monténégro; 3° de la Vieille Serbie et de la Macédoine; 4° de la Croatie, de la Slavonie et de la Syrmie; 5° de la Voivodina; 6° du Littoral (Primorje).*

Art. 8. — Le comité central de Belgrade a seul le droit d'exécuter en Serbie les prescriptions de l'organisation.

Art. 9. — *Dans les territoires serbes hors du Royaume de Serbie, les comités de ces territoires (Pokrainske Uprave) exécutent les prescriptions de l'organisation dans leurs territoires. Ils sont la suprême autorité de ce territoire.*

Art. 10. — L'organisation a des comités départementaux (Okruzne Uprave) et autres. Le classement se fera d'après un règlement spécial qui sera rédigé et modifié dans le cours des temps et selon les circonstances par le comité central à Belgrade.

Art. 11. — Chaque comité a le droit d'élire son président, son secrétaire et son trésorier.

Art. 12. — Le secrétaire du comité central de Belgrade a, selon la nature du travail, le droit de remplacer le président. Son existence est assurée par le comité central afin qu'il puisse complètement se vouer aux travaux de l'organisation.

Art. 13. — Les fonctions du président et du trésorier sont des fonctions honoraires.

Art. 14.— Les décisions concernant tous les travaux de l'organisation sont prises par le comité central à la majorité des voix.

Art. 15. — Le président et le secrétaire du comité central suprême ont seuls le pouvoir de faire exécuter par la voie hiérarchique de l'organisation les décisions prises par le comité central de Belgrade.

Art. 16. — Dans les cas exceptionnellement urgents et dans des cas peu importants, le président et le secrétaire prennent une décision, se chargent de l'exécution et en rendent compte au comité central à la prochaine séance.

Art. 17. — Pour mieux régler les affaires courantes, le comité central à Belgrade se divise en sections, selon la nature des affaires.

Art. 18. — *Le comité central à Belgrade est en rapport avec les comités des territoires serbes à l'étranger par des délégués, fondés de pouvoir et qui sont d'habitude en même temps membres du comité central, ou exceptionnellement par des délégués spéciaux.*

Art. 19. — *On laisse la liberté d'action aux comités dans les territoires serbes à l'étranger. Seule, l'exécution de mouvements révolution-*

naires plus étendus dépendra de l'approbation du comité central de Belgrade.

Art. 20. — Le comité central fera tout le nécessaire pour sauvegarder le caractère secret de l'organisation.

Art. 21. — Le comité central de Belgrade doit tenir rapidement au courant par les sous-comités tous les membres de l'organisation de toutes les questions plus importantes se rapportant à l'organisation.

Art. 22. — Le comité central de Belgrade contrôle de temps en temps le travail des autres comités, et ces comités le font aussi d'une façon analogue concernant les sous-comités.

III. — *Les membres de l'organisation.*

Art. 23. — A propos de l'application des statuts de l'organisation, le principe doit être observé que les rapports et les communications doivent être faits par des personnes spécialement déléguées et autorisées.

Art. 24. — Le devoir de chaque membre est d'enrôler de nouveaux membres et de se porter garant sur sa vie de tous ceux qu'il introduit dans l'organisation.

Art. 25. — Les membres de l'organisation ne se connaissent pas personnellement. Ce sont seulement les membres du comité central qui se connaissent.

Art. 26. — Dans l'organisation même, les membres sont indiqués par des numéros. Seul le comité central de Belgrade doit connaître leurs noms.

Art. 27. — Les membres de l'organisation sont tenus à l'obéissance absolue envers leur comité, ainsi que les sous-comités aux comités supérieurs (comités départementaux du royaume et comités territoriaux à l'étranger).

Art. 28. — Chaque membre est obligé de communiquer au comité central de Belgrade, par voie hiérarchique tout ce qu'il apprend, soit comme particulier, soit comme fonctionnaire d'Etat et tout ce qui intéresse l'organisation (1).

Art. 29. — L'intérêt de l'organisation est au-dessus de tous les autres.

Art. 30. — Chaque membre, en entrant dans l'organisation, doit savoir qu'il perd par ce fait même sa personnalité, qu'il ne peut s'attendre à aucune gloire ni à aucun profit personnel, fût-ce un profit matériel ou moral. Par conséquent, tout membre qui essaierait de se servir de l'organisation pour des motifs personnels, sociaux ou

(1) Il n'y a pas de secret d'Etat à l'égard de l'organisation.

de parti, sera puni. S'il nuit par ses actes à l'organisation même, il sera puni de la peine de mort.

Art. 31. — Celui qui entre dans l'organisation ne peut plus en sortir et personne ne peut accepter sa démission.

Art. 32. — Chaque membre doit aider l'organisation par des versements hebdomadaires. L'organisation peut aussi, selon les besoins, se procurer de l'argent par des moyens coercitifs. L'autorisation de recourir à ces moyens doit être donnée par le comité central de Belgrade ou par les comités territoriaux à l'étranger.

Art. 33. — Quand le comité central de Belgrade aura prononcé une peine de mort, la seule chose importante en ce cas est que l'exécution ait sûrement lieu. Peu importe le mode d'exécution.

IV. — *Le sceau et le serment.*

Art. 34. — L'organisation a le sceau suivant : Au milieu du cachet, une main forte et courbée, tenant un drapeau déployé. Sur le drapeau, comme écusson, une tête de mort avec des os croisés, et à côté du drapeau un couteau, une bombe et du poison. Autour du sceau se trouve l'inscription, de gauche à droite : *Ujedinjenje ili Smrt* (*Union ou Mort*), et au-dessous la désignation du comité central à Belgrade : *Vrhovna Centralna Uprava* (comité central suprême).

Art. 35. — En devenant membre, on prête le serment suivant : « Moi N. N., en devenant membre de l'organisation *Ujedinjenje ili Smrt*, je jure par le soleil qui me chauffe, par la terre qui me nourrit, devant Dieu, par le sang de mes aïeux, sur mon honneur et sur ma vie que je serai, à partir de ce moment jusqu'à ma mort, fidèle aux prescriptions de cette organisation et que je serai toujours prêt à faire pour elle tous les sacrifices. Je jure devant Dieu, sur mon honneur et sur ma vie, que j'emporterai tous les secrets de l'organisation dans ma tombe. Que Dieu me condamne, que les camarades de cette organisation me jugent si je viole ou ne respecte pas, consciemment ou non, mon serment.

V. — *Dispositions transitoires.*

Art. 36. — Ces statuts entrent tout de suite en vigueur.

Art. 37. — Ces statuts ne peuvent être changés.

Belgrade, le 9 mai 1911.

V Прелазна наређења

Члан 36

Овај Устав ступа одмах у живот

Члан 37

Устав се овај не може мењати.

Чланови Врховне Централне Управе

маја 1911.
у Београду

УЈЕДИЊЕЊЕ ИЛИ СМРТ
В. Ц. УПРАВА

1. Илија Радивојевић
2. Богдан Раденковић
3. Чедомиљ А. Поповић
4. Вел. О. Вемић
5. Љубомир С. Јовановић
6. Драг. Т. Димитријевић
7. Војислав Танкосић
8. Илија Ч. Јовановић
9. Милан Васић
10. Милан Гр. Миловановић

Photographie des signatures et du sceau.

Les membres du Comité central suprême :

1. Ilija Radivoievitch ;
2. Bogdan Radenkovitch ;
3. Tchédomire A. Popovitch ;
4. Vélimire S. Vémitch ;
5. Ljoubomire S. Yovanovitch;
6. Dragoutine T. Dimitriévitch;
7. Voislave P. Tankositch ;
8. Ilija M. Yovanovitch ;
9. Milan Vasitch ;
10. Milan Gr. Milovanovitch.

Extrait du règlement spécial.

La traduction de quelques articles du règlement spécial de l'organisation *Union ou Mort* nous permettra de mieux comprendre le but et l'action de cette organisation. Citons à l'appui de notre thèse les articles suivants du règlement spécial :

Art. 3. — Dès qu'un membre trouve cinq nouveaux membres ou au moins trois, il prête avec eux le serment. Ce membre indique d'accord avec son patron (1) qui assiste à la cérémonie comme délégué du Comité central de Belgrade le temps et l'endroit où elle aura lieu. La chambre où on

(1) Patron désigne le membre qui introduit de nouvelles recrues.

prête le serment est seulement éclairée par une petite chandelle de cire. Au milieu de la chambre se trouve une table couverte d'une étoffe noire. Sur la table, une croix, un couteau et un revolver sont déposés. Le membre introducteur explique aux nouveaux membres les statuts, les règlements et les devoirs que leur impose l'organisation et les dangers qui les menacent dès qu'ils entrent dans cette organisation. Puis il leur demande s'ils sont malgré tout prêts à en devenir membres. A peine les recrues ont-elles exprimé leur volonté d'adhérer que le délégué du comité central sort tout à fait masqué d'une chambre voisine, et c'est alors que le membre introducteur et les nouveaux adhérents prononcent le serment. Ces derniers se donnent ensuite l'accolade, puis le délégué tend la main aux recrues en signe de félicitation, car il ne prononce pas un seul mot afin de ne pas être reconnu et se retire aussitôt. C'est à ce moment seulement qu'on éclaire la chambre, et les nouveaux membres copient et signent le texte de leur serment et le remettent à leur patron qui leur indique leur numéro et le mot d'ordre.

Art. 4. — Chaque fondateur d'un nouveau groupe doit envoyer dans une enveloppe cachetée, par la voie hiérarchique, les serments et les numéros des nouveaux adhérents au comité central.

Chaque irrégularité ou négligence de la part du fondateur ou d'un comité sera sévèrement punie. Les statuts et les règlements, ainsi que tous les objets nécessaires pour la cérémonie de la prestation du serment doivent être rendus au comité central. Le comité central accuse réception des serments. Les comités territoriaux sont aussi obligés de se conformer à ces règles.

ART. 6. — Chaque fondateur d'un nouveau groupe doit tenir son groupe au courant des travaux de l'organisation, développer leurs sentiments patriotiques et exciter leur dévouement à l'idéal national. De fréquentes réunions sont très importantes pour les succès de l'organisation et de l'idée, aussi doivent-elles être préparées avec grand soin.

ART. 8. — Chaque groupe doit aide et secours aux membres de l'organisation que le comité central envoie pour exécuter un ordre, et en conséquence doit en préparer l'exécution et favoriser la fuite de celui qui en est chargé.

ART. 14. — Les membres de l'organisation doivent garder le plus grand secret quant à l'existence de leur comité et de l'organisation même. Les secrets de l'organisation ne doivent être trahis en aucun cas. Les tortures les plus affreuses n'excusent pas la trahison qui est punie de mort.

ART. 28. — Les groupes sont désignés par chiffres romains, les membres par chiffres arabes.

Extrait de la liste des Membres de l'Organisation « Union ou Mort »

Les membres fondateurs du Comité central suprême :

1. Ilija Radivoyevitch, colonel d'infanterie, chef de la gendarmerie de Belgrade, tué à l'ennemi à la tête de son régiment lors d'un assaut au commencement de la guerre serbo-bulgare en 1913.

2. Boguedane Radenkovitch, vice-consul à Salonique, ensuite secrétaire de légation à Athènes. Avant la guerre président du groupe serbe en Macédoine et président du Club serbe à Uskub. Il était aussi candidat du gouvernement serbe pour la dignité d'évêque d'un évêché serbe à Ipen (Vieille-Serbie). Il était un des principaux rédacteurs des statuts de l'organisation et agent de liaison entre l'organisation et le Ministère des Affaires Etrangères. Il fut arrêté en même temps que les autres officiers et mourut en prison avant le jugement.

3. Tchédomire Popovitch, colonel d'infanterie, blessé et décoré pendant la guerre, condamné

aussi lors du procès de Salonique et gracié l'année dernière.

4. Vélimire Vémitch, colonel de cavalerie, blessé et décoré pendant la guerre, condamné au procès de Salonique.

5. Ljoubomire S. Yovanovitch, directeur du journal de l'organisation *Piémont*, rédacteur des statuts, tué à l'ennemi.

6. Dragoutine Dimitriévitch, colonel d'état-major, chef du bureau d'informations du grand état-major, principal instigateur de l'assassinat du roi Alexandre et de la reine Draga en 1903 et du couple héritier autrichien à Serajevo, chef de l'organisation *Union ou Mort*, condamné et fusillé lors du procès de Salonique pour de soi-disant préparatifs d'attentat contre le prince régent Alexandre.

7. Voya Tankositch, commandant d'infanterie, instructeur des comitadjis bosniaques, tué à l'ennemi lors de l'occupation de Kragouyëvaz par les Austro-Allemands, en automne 1915.

8. Ilija M. Yovanovitch, colonel d'artillerie, mort pendant la guerre.

9. Milan Vasitch, commandant d'infanterie, directeur d'une école de comitadjis, un des membres les plus actifs de l'organisation, très lié avec le prince héritier Alexandre, actuellement roi de

Yougoslavie, qu'il tenait au courant des actions terroristes, tué à l'ennemi.

10. Milan Gr. Milovanovitch, colonel d'état-major, sous-chef d'état-major d'une armée, condamné lors du procès de Salonique et gracié l'année dernière.

Parmi les autres membres citons les personnes suivantes :

1. Radoyé Lazitch (N° 11), colonel d'état-major, condamné lors du procès de Salonique.

2. Bozine Simitch (N° 111), colonel d'infanterie, fondateur d'une école de comitadjis, condamné lors du procès de Salonique.

3. Ljoubomire Voulovitch (N° 167), commandant d'artillerie, un des principaux organisateurs de l'action des comitadjis contre la Turquie et l'Autriche, fusillé lors du procès de Salonique.

4. Voïne Popovitch (N° 105), commandant d'infanterie, chef de l'action terroriste, dirigée surtout contre les Bulgares, tué à l'ennemi.

5. Radoyé Yankovitch (n° 418), commandant d'infanterie, délégué du Comité central envoyé avant la guerre à Vienne (Autriche), pour enrôler de nouvelles recrues parmi les étudiants yougoslaves de cette ville et les instruire pour l'action terroriste.

6. Douchane Obtrkitch (N° 166), commandant d'artillerie, intimement lié avec M. Ljouba Yovanovitch, ministre de l'instruction publique du cabinet Pachitch, en 1914. Yovanovitch est l'auteur de l'article du livre « *Krv Slovenstva* » (Sang des Slaves) où il affirme que M. Pachitch a eu connaissance des préparatifs de l'attentat de Serajevo.

7. Michel Givkovitch (N° 442), secrétaire de la Cour de Cassation.

8. Démétrius Novakovitch (N° 471), secrétaire de l'Université.

9. Dr Milan Gavrilovitch (N° 406), fonctionnaire au Ministère des Affaires Etrangères, puis rédacteur au journal *Politika*.

10. Yéfrème Simitch, secrétaire au Ministère des Affaires Etrangères, ensuite ministre de Serbie à Varsovie et actuellement ministre de Serbie auprès du Saint-Siège (N° 420).

11. Miloutine Yovanovitch, neveu de M. Pachitch, secrétaire au Ministère des Affaires Etrangères, chargé d'affaires de Serbie à Berlin en juillet 1914, et actuellement ministre de Serbie à Berne.

12. Les auteurs de l'attentat de Serajevo, Princip, Illich, Mohamed Mechmedbachitch, Gatchinovitch (N° 217), Ciganovic (N° 412) et autres étaient aussi membres de l'organisation.

13. Miloche Michailovitch, conseiller de légation à Paris, dernièrement nommé délégué serbe à la Commission internationale du Danube.

14. Mil. A. Yovanovitch, secrétaire à la direction des chemins de fer (N° 401).

15. Bogoljoube Voutchitchevitch, commissaire de police (N° 407).

16. Draguoljoube Illich, secrétaire de légation (N° 462).

17. Stanoyé Simitch, employé au Ministère des Affaires Etrangères (N° 467), apparenté à l'ancien Ministre de l'Instruction publique, Yacha Prodanovitch.

18. Bora Prodanovitch, fils du ministre indiqué ci-dessus.

19. Démétrius Voinovitch, président d'un tribunal de première instance.

20. Yovan Michailovitch, trésorier au Ministère des Affaires Etrangères.

21. Milovane Lazarévitch, vice-président de la Skoupchtina (chambre des députés).

22. Vladimire Toutzovitch (N° 106), colonel d'infanterie, commandant de régiment, blessé à l'ennemi, condamné lors du procès de Salonique.

23. Ilya Kotchitch, prêtre.

24. Branco Bozovitch, directeur du journal *Le Piémont*.

25. André Pétkovitch, juge.

26. Marko Dakovitch (N° 201), avocat au Monténégro.

27. Mme Militza Vasitch (N° 381), épouse du feu commandant Milan Vasitch.

(Voir n° 9 de la liste des membres fondateurs du Comité central, page 54.)

28. Mme Malvina Gogitch (N° 436), professeur de Lycée.

29. Michel Rankovitch (N° 202), député, qui a joué un bien vilain rôle lors du procès de Salonique.

30. Stoyan Yovanovitch (N° 442), secrétaire au Ministère des Travaux Publics.

31. Demetrius Mialkovitch, directeur de la société d'assurance « La Serbie ».

32. Risto Pechitch-Gostouchki, médecin.

33. Miloutine D. Lazarévitch, commandant d'état-major.

34. Vasile Grgitch, professeur de lycée en Bosnie.

35. Nicolas Stoyanovitch, avocat à Serajevo et membre pendant la guerre du comité yougoslave à Genève et à Paris.

36. Yovo Banyanine d'Agram.

37. Le docteur Ljoubibratitch, de Bosnie.

38. L'archiprêtre Milan de Semlin.

(Les cinq derniers de cette liste, sujets de l'ancienne monarchie austro-hongroise jouèrent un rôle important dans le mouvement nationaliste. Leurs noms ne parurent pas dans la liste publiée par le gouvernement.)

Modèle d'une Carte de légitimation

Le comité central suprême de l'organisation *Ujedinjenje ili Smrt* délègue son membre N° 1872 Michel Vidakovitch, pour fonder à Paris-France un comité territorial et faire exécuter les travaux de l'organisation selon l'esprit des statuts et du règlement.

Le comité central doit être informé du résultat par la voie connue.

(Locus sigilli.)

ЈЕДНА ЛЕГИТИМАЦИЈА
(У факсимилу)

Врховна Централна Управа Организације „Уједињење или Смрт", овим Делегира свога члана Бр. 1872. да у Паризу – Француској – образује обласну управу и спроведе организацију у духу Устава и Пословника Организације.

Резултат доставити [illegible]и познатим путем.

Photographie du modèle d'une carte de légitimation.

Le colonel Dimitriévitch dans son cabinet de travail.

V

Curriculum vitae
du Colonel Dimitriévitch Apis

Nous avons cru bon, à cause de la place importante que le colonel Dimitriévitch occupa dès 1903 dans la vie politique et militaire de son pays, d'essayer de faire connaître au public français l'homme qui, par son action, contribua, hélas, de façon décisive au déclanchement de la guerre mondiale, mais qui incontestablement incarna le plus vigoureusement l'idéal national serbe et chercha passionnément à le réaliser.

Dimitriévitch naquit le 17 août 1876, fit ses études au gymnase de Belgrade (1), puis en 1892 à l'Académie militaire et il termina les cours supérieurs qui lui permirent de devenir officier d'état-major avec les meilleures notes. Il fut dès sa jeunesse un ardent patriote. Son beau-frère le conseiller d'Etat Givan Givanovitch eut plus tard une grande influence sur ses conceptions nationales et politiques (2).

(1) Il était déjà alors très aimé de ses camarades qui lui donnèrent à cette époque le surnom d'*Apis*.

(2) Voir le livre de Givanovitch, « Zadatja Srbije i nase

Capitaine, il dirigea la conspiration de 1903 qui se termina par l'assassinat du roi Alexandre Obrenovitch et de la reine Draga et, doué d'un courage personnel extraordinaire, il fut à cette occasion grièvement blessé. La nouvelle dynastie Karageorgevitch, comprenant que son accession au trône était principalement son œuvre, le traita tout d'abord avec une distinction spéciale (1). Son influence sur le corps des officiers grandit de plus en plus et sa part dans le développement de l'armée fut prépondérante.

Le congé d'usage d'un an qu'on accorde aux officiers d'état-major pour leur permettre de suivre des cours de langues et de sciences stratégiques à l'étranger, il le passa en Allemagne (1905) ou il eut l'occasion d'assister aux grandes manœuvres (Kaisermanöver) aux environs de Breslau (Silésie). Il revint avec une haute estime pour l'armée allemande.

Plus tard il eut aussi l'occasion de séjourner quelque temps dans cette Russie, pour laquelle

politicke zablude i duznosti. » Belgrade 1894 (la mission de la Serbie, ses erreurs politiques et ses devoirs), (édition serbe), livre qui mériterait d'être traduit en français.

(1) Il faut souligner l'ingratitude ignoble du roi Pierre et du prince héritier Alexandre envers cet homme, qui, au risque de sa propre vie, leur ouvrit le chemin du pouvoir suprême, et qui fut, sous prétexte d'une prétendue conspiration, fusillé à Salonique.

son âme essentiellement slave avait toujours eu de profondes sympathies. La grandeur de ce pays, les dimensions colossales et l'ampleur de tout ce qu'il y voyait l'impressionnèrent fortement et à un tel point qu'il était convaincu du succès final de la cause slave avec le concours de la Russie. Comme on le sait, il était, avant la guerre, intimement lié avec l'attaché militaire russe à Belgrade, le colonel Artamanov et travaillait toujours d'accord avec l'état-major russe.

Après avoir passé l'examen pour devenir officier d'état-major, il fut nommé professeur de tactique à l'Académie militaire à Belgrade et eût sur ses élèves qui lui doivent leur succès une influence considérable.

Propagandiste émérite et bon organisateur, il fut toujours nommé à des postes où il pouvait mettre en valeur ses qualités.

Il fut l'âme de la réorganisation de l'armée serbe, tant au point de vue moral que militaire. Il contribua aussi, dans une large mesure, à l'alliance balkanique et aux heureux résultats des guerres qui en découlèrent, grâce à ses relations intimes avec le chef de l'état-major Poutnik et avec le ministre des Affaires Etrangères, Milovanovitch.

En maintes circonstances périlleuses il paya

largement de sa personne. En 1912, déguisé en comitadji, il se rendit en vieille Serbie (province turque), négocia avec un des chefs albanais les plus influents, Issa Boljétinaz, et le gagna à la cause serbe. Il revint de cette mission gravement malade et ne put, pour cette raison, participer activement à la première guerre balkanique (octobre 1912), bien qu'à l'âge de 37 ans, il eût été nommé déjà chef d'état-major de la division de cavalerie.

Après la seconde guerre balkanique (juin 1913) il devint chef du bureau d'information au grand état-major. Il prépara là l'attentat de Serajevo et il resta à ce poste, pendant les premiers mois de la grande guerre jusqu'en 1915, jusqu'au moment de sa nomination à un poste moins important comme chef d'état-major de l'armée de Ouziza, qui se composait seulement de deux brigades. Avant son arrestation il fut chef d'état-major de la troisième armée à Salonique dont le commandant, Miloche Vasitch, était un ennemi personnel.

Il fut fusillé à la suite du fameux procès de Salonique le 13/26 juin 1917.

Dès qu'on l'approchait on se sentait devant un homme d'action doué d'une volonté de fer, et ses rares qualités subjuguaient tous ceux de son entourage. Aussi devint-il bientôt l'ami, le confident et le conseiller de beaucoup d'hommes. Son âme noble et belle lui fit désirer ardemment le relèvement de son pays et dès sa jeunesse il comprit que ce but ne pouvait être atteint que par la force. Il fut donc, malgré sa bonté, un terroriste. Son activité était si grande qu'il fut l'inspirateur de toutes les actions importantes qui eurent lieu en Serbie de 1903 à 1917 : renversement de la dynastie Obrénovitch, réorganisation de l'armée, fondation de la société « Union ou Mort », lutte contre la corruption de l'administration civile qui était un obstacle au relèvement du pays, attentat de Serajevo, etc. etc.

Conspirateur, réorganisateur, entraîneur d'hommes, homme politique habile il fut tout cela à la fois et jamais on ne le vit rechercher les satisfactions d'amour-propre ou la gloire. On ne le voyait nulle part et pourtant on savait très bien qu'il dirigeait tout.

Quelques jugements de certains de ses compagnons de lutte feront peut-être mieux connaître cet homme qui lutta uniquement pour le bien de son pays. Dimitriévitch ne fut pas en effet l'homme d'un parti, il fut uniquement le travailleur acharné qui vécut et mourut pour son pays. (Voir son testament).

1. « Toujours quand je le rencontrais, et j'aimais le rencontrer, j'avais l'impression que je

rencontrais un vrai homme. Devant lui je me sentais entraîné à une obéissance sans limites et j'étais prêt à subir sa volonté. »

2. « Cet homme n'est pas seulement un homme de talent; il est quelque chose de plus; il y a en lui une force magnétique qui s'empare de son entourage, et quand il est absent, on sent un vide. Dès qu'il paraît, nous nous groupons tous autour de lui. Tous viennent à lui sans être invités, sans aucune raison, comme si cet homme attirait par une influence mystérieuse et cette attraction dure tant qu'il est en notre société ».

3. « Pour moi il est quelque chose de plus qu'un homme ordinaire; c'est une force secrète à laquelle je désire me soumettre, même si ma raison m'incline à ne pas le faire. Apis n'était pas un chef élu, mais il s'imposait naturellement et sans le vouloir comme l'animateur indispensable. »

4. « Toujours souriant, avenant, poli, il savait expliquer les choses importantes qui pouvaient avoir des conséquences graves d'un ton si léger que les personnes auxquelles il s'adressait ne sentaient pas la gravité de l'action qui leur était demandée. On acceptait volontiers de faire ce qu'il exigeait et on n'avait jamais le sentiment de subir l'ascendant d'un ambitieux qui ne voit en vous

qu'un instrument de ses desseins et vous asservit sans scrupule à son ambition. »

5. « Je n'ai pu trouver une raison à cette attraction ni dans son intelligence ni dans une naturelle facilité d'élocution — il parlait peu —, ni dans ses idées, qu'on pouvait critiquer, ni dans la grandeur de son esprit, et c'était pourtant le seul homme capable de détourner le cours de nos idées et, par sa présence, de faire nôtres ses convictions. En deux simples phrases prononcées sans ostentation, il avait le don de me transformer en exécuteur de sa volonté. »

6. « Apis n'est pas un homme de discussion, d'analyse, de parade. La philosophie et la rhétorique ne sont pas ses armes. Souvent même il dédaigne la logique. Ses conclusions et ses décisions se formulent le plus souvent en axiomes. Les philosophes, les rhéteurs et les raisonneurs ne se sentent pas à leur aise en sa compagnie. Il les écoute, mais il les met néanmoins devant un fait accompli. »

Lors de son séjour à Berlin en 1913, j'eus, comme chargé d'affaires de Serbie à Berlin l'occasion de le présenter à différentes personnalités allemandes (des officiers, des professeurs, des hommes politiques, des hommes de finances, etc.). Ils furent tous profondément impressionnés par la vigueur de sa personnalité. Comme la Serbie n'avait pas pendant les guerres balkaniques d'attaché militaire à Berlin et comme Dimitriévitch s'y trouvait durant sa convalescence, je le chargeai, durant la seconde guerre balkanique contre la Bulgarie (juin-juillet 1913) de faire pour les journaux allemands des comptes-rendus sur la situation militaire. Il s'acquitta d'une façon si parfaite de cette tâche, que plusieurs officiers supérieurs allemands me demandèrent quel était l'auteur de ces articles, en disant qu'ils étaient rédigés avec une telle compétence qu'ils feraient honneur aux meilleurs officiers de l'état-major allemand.

Le testament du Colonel Dragoutine Dimitriévitch (Apis).

Ma dernière volonté.

Bien que je sois condamné par les deux tribunaux compétents et bien que la couronne n'ait pas voulu m'accorder la grâce, je meurs innocent et convaincu que ma mort est nécessaire à la Serbie pour des raisons supérieures.

Cette conviction me donne la tranquillité d'âme avec laquelle j'attends ma dernière heure.

Pourvu que la Serbie soit heureuse et pourvu que notre vœu sacré, c'est-à-dire l'union de tous les Serbes et de tout ce qui est yougoslave se réalise, je serai même après ma mort bienheureux (blazen).

La douleur que je ressens de mourir par des fusils serbes me sera douce et chère parce que je suis convaincu que ces fusils ont été dirigés contre ma poitrine pour le bien de la Serbie et du peuple serbe, et qu'à ce bien j'ai donné toute ma vie.

Dans mon œuvre de patriote j'ai peut-être, sans le vouloir, commis quelques erreurs, peut-être ai-je inconsciemment lésé les intérêts serbes; mais en pleine action on est presque toujours exposé à se tromper parfois. Je suis certain cependant de n'avoir pas commis ces fautes consciemment, et d'avoir toujours voulu servir uniquement la cause du pays.

Qu'on me pardonne ces fautes, au moins que les Serbes me les pardonnent et je prierai le bon Dieu de m'accorder sa grâce inépuisable.

Quant à ce qui me reste, j'en dispose de la façon suivante :

1. L'argent, je prie qu'on l'envoie à mon neveu Milan Givanovitch, réfugié en France, étudiant au Grand Lycée Neuf à Nice.

2. Mon cheval « Blücher » je prie d'essayer d'abord de le vendre à l'Etat et d'envoyer le montant de la vente à mon neveu.

3. Mon cheval Zvésdana, très âgé, je le laisse à ceux qui peuvent décider si ce cheval est apte encore au service. S'il est encore en état de rendre un service quelconque, je le cède volontiers à l'Etat, dans le cas contraire je prie qu'on le tue.

4. Tous les autres objets, qu'on les partage entre les réfugiés pauvres; les conserves, les vivres, le tabac qu'on les partage entre les soldats et gendarmes qui étaient mes gardiens à la prison comme don pour le repos de l'âme (1).

5. Ma montre, un souvenir de mon beau-frère, Givane Givanovitch, je prie de l'envoyer à mon neveu, Milan Givanovitch comme souvenir.

Ceci est ma dernière volonté.

Je prie enfin qu'on envoie ce testament après exécution de mes volontés à mon neveu, Milan Givanovitch à Nice.

Le 11-24 juin 1917, à Salonique.

DRAGOUTINE DIMITRIJÉVITCH-APIS, m. p.

(1) Poduchie (podusije) veut dire : quod datur pro animae salute — (don pour le repos de l'âme.)

DEUXIÈME PARTIE

VI

ANNEXE I

I

Télégramme confidentiel du Général Boyovitch commandant des troupes des nouveaux territoires à Uskub, adressé au ministre de la Guerre en 1914.

« En informant Monsieur le Ministre des faits ci-dessus, j'ai l'honneur de le prier de bien vouloir trouver les moyens de donner une suite favorable à cette pétition justifiée de la majorité des officiers de ces territoires. Cette pétition se borne à demander que le prestige des officiers soit respecté et que leur légitime amour-propre et leur honneur soient sauvegardés. Rien ne s'y oppose puisque cette pétition s'exprime par la voie légale et traditionnelle, et que ces officiers ont donné par leur travail, avant, pendant et après la guerre des preuves éclatantes de leur patriotisme et de leur sentiment du devoir envers la patrie. Les égards que les supérieurs leur montreront à cette occasion ne les feront nullement dévier de leurs devoirs envers l'État. Tout au contraire, une réponse favorable les encouragera à persévérer dans leur œuvre si féconde pour la gloire et la grandeur de notre armée, que nous, leurs supérieurs, nous ne pourrions assez louer et appuyer.

II

Lettre confidentielle du Président du Conseil des Ministres, Pachitch, au Grand Quartier Général.

Pov. br. 256

Le 23 $\frac{\textit{octobre}}{5\ \textit{novembre}}$ 1915

Les Alliés ne pouvant venir en Serbie aussi rapidement qu'on le désirait, le bruit court qu'ils ne viendront pas ou viendront trop tard. C'est pour cela que je considère que, outre les informations verbales, il est nécessaire que nous donnions au Quartier Général également ces renseignements pour être transmis ensuite aux commandants des armées, des divisions et des détachements afin qu'ils sachent quelle est en réalité la situation.

D'après les informations reçues de nos ministres à l'étranger, de nos attachés militaires, de notre consul à Salonique, de notre délégué militaire auprès des troupes françaises et de nos commandants sur le front du sud, la situation est la suivante :

Jusqu'au 12/25 octobre 1915, 65-70.000 soldats français et anglais ont débarqué à Salonique, dont la plus grande partie était à cette date sur le territoire serbe. En outre une division française avait été embarquée à Marseille pour Salonique. Deux autres divisions françaises et deux anglaises étaient en route pour Marseille. Les troupes françaises en territoire serbe tenaient toute la ligne de la frontière serbo-grecque jusqu'à la gare de Gradsko, entre Vélès et Krivolak. Maintenant, il y a à peu près 110.000 soldats, dont une partie à Salonique, et la majeure partie en Serbie. L'équipement et l'armement de ces troupes sont bons : chaque compagnie a deux mitrailleuses et chaque bataillon une batterie.

Le gouvernement français a décidé de renforcer cette armée avec trois nouvelles divisions, qui sont déjà en route. Pour décider l'Angleterre à entrer en action sur notre front le plus tôt possible et avec énergie, le premier ministre et le ministre de la Guerre français se sont rendus successivement à Londres. Dans le même but le président de la République française s'est rencontré avec le roi d'Angleterre, et même le généralissime Joffre a quitté le front pour se rendre également à Londres. Le résultat de tous ces efforts fut que le commandant des armées anglaises en France a reçu l'ordre d'envoyer encore en Serbie six divisions du front français, que le gouvernement anglais remplacera par de nouvelles troupes. Cette armée alliée est dirigée d'urgence sur le front serbe.

Cette armée n'a pas encore entrepris d'opérations de grande envergure mais elle lutte et a déjà subi des pertes sensibles. Ses combats et sa présence exercent déjà une influence sérieuse sur la situation. L'activité et les mouvements des troupes bulgares qui opèrent dans nos nouveaux territoires en sont la conséquence évidente.

L'artillerie lourde française, que nous a donnée la France, ainsi que des munitions, sont en route pour Salonique.

Sur la demande des alliés qu'il y ait des troupes russes à leurs côtés, indépendamment de l'expédition russe en Bulgarie orientale, la Russie a, au commencement d'octobre, envoyé par Arkangelsk un détachement combiné à Salonique.

Mais la principale expédition russe en Bulgarie aura lieu par la Mer Noire, le Danube, et probablement par la Dobroudja. Pour cette expédition on utilisera 4 ou 5 corps d'armée, qui achèvent actuellement leur concentration et qui débarqueront au plus tard à la fin de ce mois en Bulgarie. Afin d'assurer ce débarquement, la flotte russe de la Mer Noire a commencé à bombarder depuis le commencement de ce mois les ports bulgares.

Tout cela se fait aussi rapidement que les difficultés de transport par mer le permettent. Et quand toutes ces troupes seront réunies, nous aurons, en général, une supériorité marquée sur les troupes austro-germano-bulgares.

L'importance que l'Angleterre et la France attribuent maintenant à cette offensive de leurs troupes massées en Serbie, est démontrée d'éloquente façon par la démission du ministre des Affaires Etrangères. Pareil changement a eu lieu, semble-t-il, en Russie aussi, où le Ministre des Affaires Etrangères Sazonoff a dû démissionner. La France et l'Angleterre sont intervenues auprès de l'Italie pour que celle-ci envoie également son armée dans les Balkans. On s'attend à ce que ces pourparlers aboutissent à un accord satisfaisant. Des entretiens sont engagés entre la Russie et la Roumanie et ils ont pour objet de permettre le passage des troupes russes en Bulgarie par le territoire roumain.

La Bulgarie sera bientôt châtiée pour son abominable crime, tandis que, pour la Serbie, s'ouvrira une ère nouvelle dans cette guerre dure mais glorieuse (1).

Le Président du Conseil des Ministres,

Nicolas P. Pachitch.

(1) *Remarque :* On voit clairement que M. Pachitch a exagéré intentionnellement certains chiffres car ils ne répondent pas au véritable état des choses. Voir aussi ce que dit au sujet de la constitution de l'armée d'Orient le général Sarrail dans son livre : « Mon commandement en Orient (1916-1918) ». E. Flammarion, éditeur, 1920.

III

Au Commandant de la Troisième Armée.

Rapport du Colonel Dimitriévitch :
Du 24 septembre 1916 / 8 octobre

Conformément à l'ordre confidentiel n° 290 du 23 courant, j'ai l'honneur de porter à votre connaissance ce qui suit :

J'ai fait la connaissance pour la première fois de Monsieur Rada Malobabitch après la dernière guerre serbo-turque. Il m'a été présenté par feu le commandant Kosta Todorovitch, alors en service à la frontière à Loznitza. A cette occasion feu le commandant Todorovitch ne trouvait pas de termes assez flatteurs pour signaler les services qu'il lui avait rendus au péril de sa vie en accomplissant une mission particulièrement délicate. A la fin de la guerre serbo-turque et de la guerre serbo-bulgare je fus nommé chef de la section d'information de l'Etat-Major général. Considérant que l'Etat-Major général doit avoir des informations sur les armées voisines et sur tout ce qui concerne les préparatifs de guerre des pays voisins, particulièrement de l'Autriche-Hongrie, indépendamment des informations des attachés militaires, je m'occupai immédiatement d'organiser le service d'informations confidentielles en Autriche-Hongrie. Pour réussir, j'avais besoin d'un homme parfaitement qualifié pour un tel travail. Cet homme, je l'ai cherché et trouvé. Sur la recommandation du colonel Dimitriyé Pavlovitch (alors commandant) j'ai pris comme confident principal Monsieur Malobabitch. En le recommandant, le colonel Pavlovitch m'exposa les services précieux que lui avait rendus Malobabitch pendant la guerre serbo-turque et la guerre avec la Bulgarie, surtout à l'époque où l'Autriche se préparait à nous attaquer.

En possession de si précieux renseignements sur Monsieur Malobabitch et sachant d'autre part qu'il était des 53 Serbes qui furent condamnés autrefois à Agram pour haute trahison, je commençai aussitôt à travailler avec Malobabitch. Durant notre travail commun j'ai appris à mieux connaître Monsieur Malobabitch, et j'ai trouvé en lui un honnête Serbe, épris jusqu'au sacrifice suprême de la cause nationale. Pour lui il n'existait pas de danger dans le service si difficile qu'il faisait avec enthousiasme. Souple, robuste et endurant, il était infatigable dans son travail. C'est pour ce motif que je l'ai recommandé à l'attaché militaire d'un pays ami, et maintenant allié, qui par mon intermédiaire utilisa le travail de Monsieur Malobabitch. Il ne m'est pas possible d'exposer ici les succès que remporta dans sa mission Malobabitch, la question est trop délicate. Quand il devint évident qu'une guerre éclaterait entre nous et l'Autriche, j'ai convoqué Monsieur Malobabitch à Belgrade, afin de lui donner des instructions pour son travail et celui de ses confidents en Autriche, en cas de mobilisation, et pour la période de guerre. Au péril de sa vie Malobabitch réussit à venir à Belgrade, et je lui donnai les instructions nécessaires. C'était le 12 juillet 1914 à midi. Il ne me restait plus qu'à lui donner le 13 au matin certains signes de reconnaissance pour les confidents, c'est la raison pour laquelle je restai encore le 13 à Belgrade, alors que l'Etat-Major était parti déjà le 12, au soir, pour Kragouyévatz.

Le 13 au matin Malobabitch ne vint pas à l'endroit convenu. Je l'attendis en vain toute la matinée. J'allai voir à l'hôtel où il était descendu; ses bagages étaient là, mais il n'était pas retourné à l'hôtel depuis la veille. Je supposai que M. Malobabitch avait jugé préférable de retourner sans retard à son travail. J'espérais, connaissant son énergie, son audace et son habileté, qu'il avait réussi à agir efficacement et j'attendais des informations de lui, convaincu qu'il m'en donnerait s'il avait réussi à retourner vivant en Autriche. Dans cet espoir, plusieurs mois de guerre s'écoulèrent sans que je reçusse aucun signe de vie de Malobabitch. *Pour cette raison, toute l'organisation du service d'information en Autriche demeura paralysée.*

C'est seulement à la veille de l'attaque des Bulgares que j'appris, étant chef de l'état-major de l'Armée de Timok à Zayetchar, que Malobabitch se trouvait dans notre prison de police à

Niche, et qu'il était plus mort que vif. Tandis que je vérifiais la véracité de ce fait, les Bulgares nous avaient déjà attaqués. N'ayant pas le temps de m'occuper davantage de Malobabitch, je profitai d'une occasion et priai par téléphone le Ministre de la guerre d'alors, M. le colonel Rad. Boyovitch, de faire libérer immédiatement M. Malobabitch. Le Ministre me le promit, disant qu'il en donnerait l'ordre sur le champ. Immédiatement après commença notre retraite, et il me fut impossible de m'occuper encore de M. Malobabitch. Pendant la retraite avec l'armée de Timok, je vins à Kourchoumliya, où se trouvait déjà l'état-major de la IIIe Armée. Là le commandant Liouba Voulovitch, qui, comme commandant du secteur de la frontière près de Loznitza, connaissait personnellement Malobabitch, m'apprit qu'il avait trouvé Malobabitch dans une situation lamentable. Envoyé de Niche, Malobabitch était libre en ville sous la surveillance de la police. La situation dans laquelle il se trouvait était pitoyable : tout son corps était couvert de blessures provenant des lourdes chaînes qu'il avait portées pendant près d'une année. C'était une ombre d'homme. Comme à cette époque un chaos général régnait, la police remit volontiers Malobabitch au commandant Voulovitch. A cette occasion le commandant Voulovitch donna un reçu, sans doute pour que les fonctionnaires de la police eussent une preuve qu'ils avaient livré Malobabitch encore en vie. A peine au courant de ces faits, je fis venir Malobabitch chez moi pour lui demander ce qui lui était arrivé. Il me raconta qu'après sa rencontre avec moi, il avait été appelé à la préfecture de police de Belgrade, où on l'emprisonna, et qu'on le conduisit immédiatement en chemin de fer à Niche. Ne pouvant s'expliquer avec qui que ce fût, il avait essayé de s'enfuir pour me rejoindre. Et c'est probablement pour cela qu'on le fit mettre aux fers et qu'on le laissa pourrir en prison. Le voyant moribond et près d'expirer, je lui proposai de rester à Kourchoumliya et d'y attendre l'ennemi. Il me supplia de ne pas le laisser tomber aux mains des Autrichiens et de lui épargner la honte suprême d'être abandonné, à demi-mort, par les Serbes, et d'être pendu par les Autrichiens. Sentant combien on avait été cruel et injuste envers cet homme, et considérant comme un devoir impérieux le salut de mon collaborateur, je l'emmenai avec moi. Et je réussis à traîner ce moribond par l'Albanie jusqu'à Corfou. A Corfou M. Malobabitch séjourna tant que notre armée y resta. Là il eut l'occasion de rencontrer les personnes qui l'avaient emprisonné et mis aux fers à Niche. Quand je quittai Corfou avec l'armée, M. Malobabitch y resta. Je ne sais où il se trouve maintenant. Dans l'état-major de cette armée, à aucun moment M. Malobabitch ne fut à mon service. Enfin, j'ai l'honneur de déclarer que M. Malobabitch n'a jamais rien reçu pour les services rendus à la Serbie, et surtout à l'armée serbe; nul ne le récompensa jamais.

Pour se consacrer sans restriction à la cause nationale, Malobabitch, fort de sa conviction et de son enthousiasme, a abandonné une situation lucrative, sacrifié toutes ses économies, affronté les pires dangers; et son destin tragique a voulu qu'il y perde aussi sa santé.

Comment Monsieur Malobabitch est connu et apprécié dans les contrées serbes de la Croatie, le professeur-adjoint du Gymnase de Skoplié, et le sous-lieutenant de réserve Stéphane Yélatcha qui était ces derniers temps adjudant boulanger à la section de la division de Cavalerie pourraient donner les renseignements nécessaires sur ce point.

24 Septembre 1916.

Le sous-chef de l'Etat-Major,

Colonel Drag. T. Dimitriévitch.

IV

A Messieurs les Officiers

Ordre — Pov. OBR 9760

Du Chef de l'Etat-Major du Quartier-Général

Du 22 Décembre 1916

---

4 Janvier 1917

A SALONIQUE.

A Messieurs les Officiers :

En ces jours historiques et décisifs pour nous, quand notre devoir le plus sacré est de maintenir l'union indissoluble et l'accord parfait dans le travail, afin de porter à son maximum d'intensité le courage, le moral et la discipline de notre vaillante armée pour la libération de notre patrie bien-aimée et de nos familles qui gémissent sous le joug étranger, et de donner pour but unique aux énergies intactes la lutte pour la liberté, des défections, hélas, doivent être constatées. Quelques officiers ont préféré à l'accomplissement total du devoir les manœuvres égoïstes d'une ambition criminelle. Pour s'emparer du pouvoir civil et militaire, ils n'ont pas hésité à semer la désunion et la discorde parmi les officiers, à critiquer la politique du pouvoir central et à anéantir l'esprit de discipline dans l'armée.

S'ils n'avaient pas été découverts à temps, leurs agissements auraient été désastreux pour les intérêts de l'armée, et, par suite, pour les intérêts et l'avenir de notre patrie et auraient précipité dans l'abîme notre patrie et notre peuple.

Nous possédons les preuves que ces officiers ont travaillé à renverser le gouvernement, c'est pourquoi une instruction criminelle a été ouverte contre eux, et ils subiront le châtiment prévu par la loi pour de telles forfaitures.

Est-il possible de tolérer une telle trahison, en ces jours difficiles, quand nous devons risquer notre vie pour la libération de la Patrie et être prêts sans cesse à verser notre sang pour la délivrance de nos frères asservis? Est-il possible après tant de succès de notre héroïque armée, que le monde entier admire, de laisser impunis de pareils actes quand notre armée, notre peuple et notre patrie sont l'objet d'une telle admiration dans le monde civilisé? (1). Non, ce serait une faute impardonnable et une trahison envers nous-mêmes. Les responsables doivent subir les conséquences les plus sévères de la loi.

En portant à la connaissance de Messieurs les officiers ce fait triste et regrettable, je les invite à se consacrer exclusivement, conscients de leur devoir militaire, à leur mission élevée. Que tous, enflammés par un patriotisme sans défaillance communient dans le même idéal et réservent toute leur énergie à la lutte si âpre qui nous est imposée.

Je leur recommande d'éviter tout ce qui est contraire aux lois, aux règlements et aux ordonnances, tout ce qui peut nous nuire, conpromettre notre union, l'efficacité de nos efforts et l'accomplissement de notre devoir militaire.

Notre conscience doit rester forte, notre honneur militaire doit rester intact et sans souillure; notre serment doit être sincère, car le Roi, notre Commandant en chef, et notre Patrie fondent toutes leurs espérances sur la stricte observation de nos devoirs, sur le respect absolu du serment qui nous lie.

J'invite tous les supérieurs à veiller strictement à ce que d'aussi fâcheux symptômes ne se renouvellent plus, et, si néanmoins, des faits du même

(1) Cette répétition de termes élogieux existe dans le texte serbe.

caractère sont à déplorer, à les porter immédiatement à la connaissance des autorités compétentes. Dans cette tâche, les supérieurs doivent être loyalement aidés par tous les officiers consciencieux et honnêtes.

Les commandants d'armées, d'unités indépendantes, et les autres chefs des diverses institutions militaires veilleront à ce que cet ordre soit communiqué aux officiers qui sont obligés par leurs signatures de prendre connaissance de cet acte.

D'ordre du Commandant en Chef,

Le chef de l'Etat-Major,

Général P. Boyovitch. m. p.

V

Télégramme de Corfou

Envoyé le 24 février-7 mars 1917, à 13 heures.

Reçu à Salonique le 26 février- 9 mars, à 14 heures.

A considérer comme strictement confidentiel et à communiquer personnellement :

Au Ministre de l'Intérieur;

Au Ministre de la Guerre et

Au Prince Régent :

A la suite de vos communications établissant que non seulement des officiers, mais aussi un nombre assez élevé de fonctionnaires d'Etat de diverses administrations ainsi que d'autres citoyens, étaient affiliés à l'organisation « Union ou Mort », nous avons examiné quelles mesures il convenait de prendre pour dissoudre cette organisation. Le souci de la sécurité de l'Etat nous interdit de la laisser plus longtemps développer son action pernicieuse. .

Aucun ministre ne peut accomplir sa tâche avec pleine assurance, tant qu'il ne s'est pas débarrassé des hommes qui, au-dessus du serment prêté au Roi et à l'Etat, sont liés par un autre serment à une organisation secrète qui leur fait un devoir de sacrifier aux intérêts de cette association les intérêts de l'Etat. Il est impossible d'assurer la responsabilité du pouvoir, s'il y a parmi les fonctionnaires de l'Etat, des hommes qui, fidèles au serment prêté à l'organisation, doivent lui faire connaître tous les actes des autorités. Nous sommes tous d'avis que la loi doit interdire d'entrer dans une telle organisation. Il ne serait ni convenable ni pratique d'entreprendre une action judiciaire contre tous les membres de l'organisation. Une mesure radicale s'impose, la dissolution. Même si elle n'était pas devenue le foyer d'une action subversive, il serait prudent de recourir à cette mesure, ses tendances nous font un devoir de prendre cette décision.

Il faut mettre en accusation tous ceux contre lesquels existent des preuves judiciaires qu'ils ont, par des moyens illicites, travaillé au bouleversement intérieur et au remplacement du programme d'union nationale par un autre programme que les nouveaux membres s'engageaient par serment à réaliser.

La situation politique sera éclaircie et l'ordre public garanti de toute surprise, avant que le tribunal ait prononcé sa sentence contre les membres de l'organisation, dès qu'aura été dissoute l'organisation et qu'auront été déliés du serment prêté ceux d'entre les membres qui n'auront participé à aucune tentative révolutionnaire.

Nous pensons que beaucoup de membres seront reconnaissants à quiconque les aidera à rompre toute relation avec l'organisation et à se libérer du poids du secret et du serment, lorsqu'on leur fera savoir comment on les trompait et comment on abusait d'eux. La question ainsi posée, il est de l'intérêt et du devoir de l'Etat de briser tous les liens qui attachent les membres à l'organisation, avec une fermeté qui impressionne et une largeur de vue qui conquiert. On doit gagner à l'Etat tous ceux qu'on ne peut soupçonner d'avoir travaillé à la chute du régime. Aussi longtemps qu'ils s'imagineront que l'Etat se défie d'eux et a des inquiétudes sur leurs attitudes, ils continueront malgré eux à sympathiser avec l'organisation. Qu'on leur fasse entrevoir la possibilité d'échapper à l'organisation et qu'on leur donne les moyens de rentrer dans la légalité, aussitôt ils répondront à notre appel avec reconnaissance.

L'organisation doit être dissoute de la même façon qu'elle a été fondée. Si tous les membres sont connus, il n'y a aucune difficulté; s'il n'en est pas ainsi, on devra au moyen des membres connus rechercher les membres inconnus. De même qu'au moment où l'organisation fut créée, les membres attiraient les membres, à l'heure de la dissolution les membres dont on connaît les noms conduiront à ceux dont on ignore l'affiliation.

Si, d'accord avec le Ministre de la Guerre, vous partagez cette opinion et si telle est la volonté du prince-régent, nous pourrions déjà préparer les détails d'exécution. Un exemple a été donné déjà par le prince-régent avec Plazina (1).

Il faut, immédiatement après l'instruction contre les coupables, commencer une action politique et administrative pour liquider l'organisation.

Chaque ministre devrait personnellement, dès qu'il en a connaissance, convoquer les fonctionnaires de son ressort et exiger des membres de l'organisation la déclaration suivante : 1° Est-il membre de l'organisation? 2° Est-il prêt à abandonner l'organisation et à désavouer son serment? et 3° *Est-il prêt à communiquer confidentiellement les noms de ceux qui, patrons ou parrains, l'ont introduit et de ceux qu'il a introduits lui-même dans l'organisation, ainsi que les noms d'autres membres, qu'il connaît personnellement?* (2).

Si ces membres déclarent qu'ils n'ont jamais

(1) Le commandant Plazina, membre de l'organisation, interrogé habilement par le prince héritier Alexandre, très généreux en l'occurrence, divulgua, sans se rendre compte de la gravité de ses paroles, certains secrets de l'organisation.

(2) Invitation à la dénonciation.

participé à des actions subversives et ne savaient rien de celles qui étaient décidées, il faut exiger d'eux la déclaration solennelle qu'ils rompent à jamais avec l'organisation et, le cas échéant, leur faire prêter à nouveau serment envers l'Etat, comme si rien ne s'était passé.

Quant à ceux dont la complicité dans des affaires subversives est démontrée, il faudra les déférer à l'instruction. Ceux qui ayant nié avoir été membres de l'organisation ou, tout en faisant partie de l'organisation, avoir connu les buts poursuivis, auront été convaincus de mensonge seront, sans indulgence aucune, déférés aux tribunaux.

On ne peut tolérer qu'après avoir eu l'occasion d'échapper aux sanctions, ils aient préféré demeurer fidèles à une organisation qu'ils plaçaient au-dessus de l'Etat.

PACHITCH.

VI

QUARTIER GÉNÉRAL

Cabinet du Ministre de la guerre
N° 374
29 Mai 1917
―――――
11 Juin

QUARTIER GÉNÉRAL
AG. N° 49.598

Monsieur le Ministre de la guerre a, par l'acte n° 374 du 29 mai de l'année courante, communiqué ce qui suit :

Après avoir délibéré, le tribunal a prononcé le

23 mai, à 21 heures, le jugement dans lequel il est exposé, à grands traits, que Dimitriévitch, Milovanovitch, Vémitch, Lazitch, Tchéda Popovitch et Bogdan Radénkovitch, avec cinq de leurs camarades, ont fondé en 1911 une organisation terroriste sous le masque patriotique, d'après les statuts de laquelle il était permis de tuer sans jugement, de piller, de dénoncer les secrets de l'Etat, etc. En agissant ainsi, l'organisation a nié l'existence de l'Etat, de la Constitution, et des lois, du droit individuel et des garanties modernes des libertés du peuple. Elle se préparait à instaurer un régime de réaction en minant l'ordre et la discipline dans l'armée, en conférant au président et au secrétaire de leur organisation un pouvoir absolu. Ils prétendaient imposer au gouvernement leur volonté, rêvaient d'anéantir violemment la Constitution du pays et tenaient des conciliabules secrets. A l'époque qui suivit les guerres balkaniques ils provoquaient parmi les officiers, en 1914, le mécontentement contre l'ordre légal établi et l'administration de l'Etat (1); ils déchaînèrent dans le pays la crise politique intérieure la plus difficile et la plus longue, excitant les garnisons à la révolte et projetant de s'emparer du pouvoir et d'imposer au souverain, pour ministres, leurs partisans. Ils semèrent dans leur entourage

(1) On ne peut mieux dénaturer les actes de ses adversaires. J'ai essayé d'expliquer plus haut, chapitre I pages 7-11, les événements auxquels fait allusion ce document monstrueux.

et parmi les volontaires la haine contre le régime établi; ils tuaient les citoyens, et même les enfants sans enquête et sans jugement, commettaient des actes de brigandage, de pillage et de chantage, attaquaient les fonctionnaires de l'Etat et les fonctionnaires municipaux dans leurs fonctions et préparaient l'établissement d'un régime militaire oligarchique digne du moyen âge, représenté par dix ou quinze officiers.

Pour réaliser leur plan, ils ont essayé de tuer le Prince-Régent, ils s'apprêtaient à tuer le Président du Conseil des Ministres (1), à supprimer la Constitution, refusant au peuple ses libertés politiques. Bref tout ce qui incarnait le peuple serbe, tout ce qui le faisait vivant et glorieux disparaissait au profit d'une ambition monstrueuse.

Les délits commis, exposés ci-dessus sont punissables en vertu de l'article *a* du § 87 du code pénal — en ce qui concerne l'attentat préparé depuis longtemps par la « Main Noire » et accompli le 29 août de l'année passée (ancien style) près d'Ostrovo, où se trouvaient Dimitriévitch et Voulovitch, qui savaient, grâce à leurs fonctions, que le prince-héritier passerait à cet endroit — en vertu de l'article *a* du § 87 *a* du même code — en ce qui concerne l'abolition de la Constitution et les obstacles apportés à l'accomplissement par le Souverain de ses fonctions constitutionnelles — et en application des § 87 *b* et 88 du code pénal.

(1) Voir la conduite de M. Pachitch en automne 1915 lors du recul des troupes serbes, relatée dans l'article du journal viennois « Tribunal ». annexe II, page 180.

De ces deux derniers délits tous les accusés ont à répondre, à l'exception de Malobabitch et de Mechmedbachitch, qui sont uniquement sous le coup du § 87, Malobabitch comme exécuteur de l'attentat contre le prince-héritier et Mechmedbabitch comme son aide et peut-être même son complice. En ce qui concerne Dimitriévitch il doit être considéré comme leur instigateur, comme il est l'instigateur de tous les actes subversifs. Et tous les autres ont à répondre de ces délits en qualité de membres de l'organisation « Union ou Mort », comme aides et complices.

Les actes criminels et la responsabilté des accusés ont été établis : par les statuts et les règlements de l'organisation subversive, signés par chacun des accusés; par la liste des membres de l'organisation trouvée chez Lazitch et Vémitch, ainsi que par d'autres documents, par les témoignages de nombreux témoins et par l'aveu partiel des accusés.

Sur toutes ces preuves ont été condamnés : le général Popovitch et Mechmedbachitch à 15 années de travaux forcés, et les neuf autres à la peine de mort.

Le jugement fut écouté par le public tranquillement et froidement, il apparaissait comme l'inévitable conséquence de tout ce que le procès avait révélé.

J'ai l'honneur de transmettre le document ci-dessus au Quartier-Général à titre d'information et pour permettre de fournir les explications nécessaires à ceux qui en demanderaient. L'intérêt général exige que la vérité soit connue. Et il serait à souhaiter que ce document soit transmis à nos attachés militaires auprès des Quartiers-Généraux des armées alliées.

A Salonique, le 2 Juin 1917.
Par ordre du Chef de l'Etat-Major,
Le sous-chef d'Etat-Major,
Le Colonel Iv. S. Pavlovitch. m. p.

VII

Rapport du Lieutenant-Colonel, Auditeur militaire, Ljoubomire Dabitch, sur l'exécution du Colonel Dimitriévitch, du Commandant Voulovitch et de Radé Malobabitch.

Les condamnés Dimitriévitch et Voulovitch ont remis, avant de se confesser à l'archiprêtre Zdravko Paunkovitch, des lettres pour leurs familles; l'archiprêtre les remettra aujourd'hui au commandant de la place. Le condamné Malobabitch lui remit les clefs et les chiffres, pour retirer de l'argent d'une banque en faveur de l'Etat.

Dimitriévitch, Voulovitch et Malobabitch furent conduits en auto fermée à une heure du matin sur les lieux de l'exécution (1).

Ils étaient accompagnés du colonel Milan Dou-

(1) Le jour et l'heure de l'exécution furent avancés comme nous avons vu plus haut, afin de mettre le gouvernement anglais devant un fait accompli.

nitch, du lieutenant-colonel Dragoutine Petkovitch, du commandant Alexandre Savitch et du soussigné, qui assistèrent aussi à l'exécution. Le commandant Savitch à cause de ses relations d'amitié avec le commandant Voulovitch resta dans l'auto. Outre ceux-ci, assistèrent encore à l'exécution le capitaine auditeur Rad. Nikolitch, trois officiers de surveillance et les gendarmes, chargés de l'exécution. On arriva sur les lieux de l'exécution à une heure et demie. Tout le long du sentier étroit qui conduisait de l'auto jusque-là le commandant Voulovitch s'entretint tout le temps de façon animée avec le lieutenant Joseph Protitch. Dimitriévitch dit à trois reprises : « C'est un service militaire de campagne spécial qu'on nous fait faire » et il ne cessait de parler à voix basse avec le capitaine Milan Stoykovitch. Malobabitch ne souffla mot en marchant.

A l'endroit même de l'exécution on dut attendre vingt minutes, le temps nécessaire pour terminer les préparatifs. C'est alors que Dimitriévitch et Voulovitch exigèrent à maintes reprises de ne pas être exécutés avant l'aube et qu'on ordonnât aux gendarmes de bien viser, afin de ne pas être massacrés dans l'obscurité, ce qui leur fut accordé. En m'apercevant, Dimitriévitch me demanda si j'étais aussi venu au nom du tribunal et quand je lui répondis qu'il en était ainsi et que j'étais obligé de lire la sentence, il me dit d'un ton railleur : « Comprends-tu ce qui m'est arrivé, je t'assure que je suis innocent. »

Je lui répondis que je le plaignais, comme camarade et comme homme, de succomber dans la fleur de l'âge, alors qu'il aurait pu rendre encore à sa patrie tant de services, mais que d'après la loi il était coupable et qu'il devait trouver une consolation dans la certitude que sa mort était nécessaire à la patrie et à l'ordre public. Il me parut accueillir ces paroles avec satisfaction, car il ajouta : « Je t'en prie, dis à mes amis que je ne regrette pas de tomber sous des balles serbes, car c'est pour le bien de la Grande Serbie, que je désire de tout mon cœur se voir réaliser bientôt; oui, d'après la loi je suis coupable et ce qui arrive devait arriver. Les relations étaient par ma faute devenues trop tendues (1) et voilà pourquoi il est nécessaire que je disparaisse. » Puis il continua en plaisantant : « Mais pourquoi n'avoir pas choisi pour l'exécution une meilleure place, de préférence sur une hauteur d'où l'on puisse contempler la mer. Tu le sais, en effet, il faut en ce pays un peu de solennité ». Son attitude était ferme; il était seulement très changé, son visage était pâle et sa voix tremblait légèrement. De temps en temps il consolait Rade Malobabitch, et, aux reproches de ce dernier, disant que c'était à cause de lui qu'il se trouvait en pareil lieu, il répliquait : « C'est le sort, Rade, si tu n'avais pas été avec moi, ça ne me serait pas arrivé non plus; si tu étais

(1) Il s'agit des relations entre le prince héritier, le gouvernement et lui.

resté à Kourchoumlia, toi et moi nous serions restés vivants. »

Voulovitch avait la meilleure contenance. Il ne perdit pas un instant sa bonne humeur. Il reconnut avoir été coupable, mais nullement du crime dont on l'accusait. Quand je demandai de l'eau pendant la lecture de la sentence et quand je bus, il m'apostropha par ces mots : « Mon homonyme, donne-moi aussi, s'il te plaît, à boire » et, en prenant la cruche, il ajouta « espérons que tu n'as pas la syphilis (Firziger) (1) », à quoi je répondis qu'il était maintenant trop tard pour de pareils soucis; il rit de façon toute naturelle.

Malobabitch était le plus découragé et le plus abattu; il se reprochait tout le temps de finir ainsi et regrettait de n'avoir pu librement sacrifier sa vie à l'idéal serbe.

Après lecture des jugements des deux tribunaux et de l'ordre du Quartier Général concernant l'exécution, qui dura de deux heures à quatre heures et demie, Dimitriévitch et Voulovitch prirent congé de tous les officiers présents, en leur disant adieu. Dimitriévitch se dirigea vers le prêtre et lui baisa la main, ensuite il dit quelques mots à voix basse au colonel Dounitch. Les trois condamnés se donnèrent l'accolade et Dimitriévitch se tournant vers nous et, posant la main sur l'épaule de Malobabitch, dit : « J'affirme de nouveau que

(1) Expression vulgaire chez les soldats serbes pour désigner la syphilis.

cet homme était un bon patriote et qu'il a toujours agi pour le bien de la Serbie ». Ensuite les trois condamnés descendirent dans les fossés creusés à dessein et se placèrent devant les poteaux, Dimitriévitch à droite, Voulovitch au milieu et Malobabitch à gauche. En descendant Dimitriévitch dit : « Il me semble que la fosse est trop peu profonde pour moi ». Quand on voulut bander les yeux à Malobabitch, celui-ci supplia qu'on l'en dispensât et Dimitriévitch lui fit observer : « Laisse donc faire, Rada, c'est la loi qui l'exige ». Quand on les eut liés aux poteaux, Dimitriévitch et Voulovitch s'écrièrent : « Vive la Grande Serbie » et Dimitriévitch ajouta encore : « Vive la Yougoslavie ». Au dernier moment Voulovitch dit encore une fois à Dimitriévitch : « Adieu Dragoutine » et celui-ci, transmettant ce salut d'adieu à Malobabitch, ajouta : « Adieu Rade » à quoi ce dernier ne répondit rien.

Bien que la lecture du jugement eût duré plus de deux heures et demie, l'aube n'était point venue encore et les trois condamnés l'attendirent avec sérénité, parlant à voix basse de temps en temps entre eux. Pourtant, à un moment donné, Malobabitch s'était presque complètement détourné de nous, et l'on eût dit qu'il avait l'intention de s'évader et en étudiait les moyens, mais il n'entreprit rien. Il prit seulement encore quelques dispositions relativement à sa fortune, qu'il légua à sa famille.

Du fossé, le condamné Voulovitch jeta sa canne

par-dessus sa tête, en priant de la remettre au commandant Alexandre Savitch et de la donner à sa femme et il demanda de lui retirer son portefeuille de sa poche.

Malobabitch succomba aux cinq premières balles tandis que les deux autres souffrirent assez longtemps avant de succomber, de sorte qu'on dut tirer vingt balles sur chacun d'eux. Personne ne fut atteint à la tête.

Le médecin fit les constatations d'usage, et les trois condamnés furent enterrés.

L'exécution se termina le 13-26 juin 1917, à 4 h. 47 minutes du matin.

Salonique le 13-26 juin 1917.

L'auditeur militaire, le lieutenant-colonel,
Ljoub. Dabitch m. p.

VIII

Très confidentiel
1917
Personnel.

Ministère des Affaires étrangères

A Monsieur le Ministre de la guerre,

Nous avons reçu le dossier que vous nous avez envoyé par voie confidentielle, nous l'avons lu à la séance et avons examiné la liste (1). Après

(1) Il s'agit de la liste des membres de l'organisation « Union ou Mort ».

échange de vues, nous avons décidé d'un commun accord qu'on devrait procéder ainsi :

1° Il ne faudrait pas commencer ou continuer d'instruction criminelle contre personne pour le seul fait d'avoir été membre de l'organisation, ayant prêté ou non serment.

Sont à excepter les cas où certaines personnes auraient à répondre d'autres délits, pour lesquels elles peuvent être jugées.

Des raisons politiques exigent de ne plus procéder actuellement à de nouvelles instructions criminelles ni de prononcer de nouveaux jugements pour le délit indiqué. Les principaux coupables sont condamnés, il n'y aura pas prescription pour les autres délits punissables, même si on renonce maintenant à les poursuivre;

2° Il faut éloigner et relever de leurs fonctions, immédiatement, les officiers les plus influents, ayant fait partie de l'organisation, surtout les officiers supérieurs. On pourra par cette mesure éloigner de l'armée 30 à 50 officiers;

3° Il n'est point nécessaire, en ce moment, d'écarter d'autres officiers ayant fait partie de l'organisation, on peut seulement les utiliser en les dispersant de telle façon que leur maintien en activité n'offre aucun danger et qu'ils soient perpétuellement surveillés.

4° A tous ceux qui étaient membres de l'organisation il faut faire connaître que leur responsabilité pénale n'est pas prescrite, et que leur sort dépendra à l'avenir de leur conduite ultérieure.

Telle est notre opinion (1). Mais s'il existe quelque raison spéciale importante de traduire l'un ou l'autre devant le tribunal, en peut tenir compte du cas particulier et agir en conséquence.

Nous sommes tous d'avis qu'il faut procéder ainsi, afin de liquider sans retard cette affaire, et d'éviter que l'Europe en parle.

Nik P. Pachitch.

Corfou, le 6/19 Juillet 1917
Cabinet du Président du Conseil
10/7/1917
N° 456

(1) C'est sans doute à cause de cette opinion que parmi les condamnés, les uns ont plus tard été graciés avec restitution des droits civiques, les autres libérés, mais ils restèrent encore privés de leurs droits civiques. D'autres accusés qui se trouvaient à l'étranger lors du procès de Salonique furent plus tard condamnés par contumace aux travaux forcés et furent à leur retour en Serbie, qui eut lieu quelques années après, emprisonnés sans le nouveau jugement que la loi exige. L'un d'eux, le commandant Goykovitch, resta en prison trois ans, tandis que l'autre, le commandant Radoyé Yankovitch, fut gracié au bout de deux ans d'emprisonnement et nommé immédiatement consul général de Yougoslavie à Chicago. Tout ceci démontre qu'il s'agissait de procès purement politiques.

IX

Discours de Monsieur Liouba Yovanovitch (1), *ancien Ministre, à l'occasion de la fête commémorative de la « Narodna Odbrana », le* 2 *décembre* 1925. *Publié dans le journal « Politika » N°* 6326 *du* 3-12-1925.

A quatre heures de l'après-midi, l'ex-président de la Chambre des Députés, M. Liouba Yovanovitch, parla dans la salle du cercle des sœurs serbes (Kolo Srpskih Sestara) et devant un public nombreux, du travail de la « Narodna Odbrana (Défense Nationale) avant la guerre :

« L'activité de la Narodna Odbrana se manifesta pour la première fois aux heures les plus difficiles pour le peuple serbe. La Serbie, après six années de règne du roi Pierre, a consolidé ses libertés constitutionnelles et parlementaires. Vers la fin de 1908 nous venions à peine de sortir d'une longue et difficile crise intérieure, et on ne pouvait songer à des conflits extérieurs, quand tout à coup l'Autriche-Hongrie annexa la Bosnie-Herzégovine. L'étonnement fut général. Mais Belgrade, au nom de la Serbie, déclara dans un meeting, d'une façon solennelle et catégorique, qu'il ne pouvait approuver et reconnaître cet acte. L'Europe fit pression sur le gouvernement serbe pour obtenir de lui la note où il promet de ne point

(1) L'auteur du livre « Krv Slovenstva » (Sang des Slaves.)

s'occuper des intérêts de nos frères d'au delà de la Drina. Le désespoir une fois passé, l'idée naquit de concentrer les forces pour le grand devoir national.

La « Narodna Odbrana » avait des buts multiples. Elle travaillait surtout au développement des sociétés de tir, apportait son concours aux diverses sociétés humanitaires et patriotiques. Son rôle le plus important fut de coordonner le travail de toutes les sociétés qui poursuivaient le même but. Par son autorité, elle agissait sur les clubs parlementaires et sur les gouvernements. Dans tous les conflits la « Narodna Odbrana » mettait en avant le but clairement affirmé : la libération nationale et l'union de tous les Serbes. La considération de ce but amena des hommes de tous les partis et de toutes les opinions à se donner à la même cause. L'entente et la confiance réciproques grandissaient de plus en plus. *De plus, la « Narodna Odbrana » inspirait directement l'action des bandes qui avait commencé longtemps avant, et s'intéressait au réveil des masses nationales dans toutes les contrées habitées par des Serbes.*

Les membres les plus actifs furent le président, le général Boja Yankovitch, le secrétaire, Milan Pribitchévitch, et son remplaçant par intérim, Milan Vassitch, ensuite Jivoyine Datchitch, qui travailla avec une activité extraordinaire au réveil national. Gloire à la mémoire de ces grands morts!

Il importe ici de mettre en relief quelques vérités incontestables. Pribitchévitch était un révolutionnaire qui voulait préparer le peuple pour la libération. Mais son action était purement individuelle; la « Narodna Odbrana » n'avait rien de commun avec cette action rendue publique par le procès de haute trahison d'Agram. Datchitch aussi avait une façon spéciale de travailler. Quant à Vassitch, pendant qu'il remplaçait Pribitchévitch, il se mit au courant de l'activité et des méthodes de la « Narodna Odbrana » en Bosnie. Mais Vassitch était membre d'une organisation secrète (1) qui devenait de plus en plus active et à laquelle il fournit plus tard ses informations. C'est ainsi que furent envoyés des instructions et des mots d'ordre comme s'ils venaient de la « Narodna Odbrana ». C'est pour cela, qu'après l'attentat de Serajevo, l'enquête établit que les auteurs de l'attentat étaient venus de la Serbie par ses soins. Cette thèse fut maintes fois exposée par nos ennemis. Pourtant, la « Narodna Odbrana » travaillait au grand jour. Mon devoir est, dit M. Yovanovitch, de déclarer que cette thèse de l'étranger est absolument fausse (2).

A la fin M. Yovanovitch exprima le vœu et le

(1) « Union ou Mort ».

(2) M. Yovanovitch prétend que la « Narodna Odbrana » était une société purement culturelle, mais il ajoute qu'elle se préparait au tir et qu'elle inspirait l'action des bandes, qu'elle influençait le gouvernement, qu'elle inspirait l'action des bandes et qu'elle travaillait au réveil des masses yougoslaves à l'étranger. Il avoue également que les secrétaires, — fonction la plus importante — étaient tous des révolutionnaires. Quelle contradiction!

désir de voir la nouvelle « Narodna Odbrana » grouper autour d'elle toutes les forces du pays pour mener jusqu'au bout l'œuvre entreprise d'unité nationale.

X

Extrait du livre du général Sarrail :

« Mon commandement en Orient (1916-1918) »

« A la même époque, par contre, finissait une douloureuse commotion serbe : le procès des affiliés à la Main Noire. Le 2 août, les débats avaient commencé. « Un général, trois colonels, un lieutenant-colonel, un commandant inculpés. Général a commandé à Uskub, lors de son évacuation. Un colonel commandait récemment brigade dans division Morava, l'autre était sous-chef état-major armée Vasitch. Lieutenant-colonel est celui qui a assommé puis violé reine Draga, dont il promenait matrice au bout de son sabre. » Deux nouveaux colonels, dont le sous-chef d'état-major de l'armée Michich et un moine s'ajoutaient à ces officiers. Un nouveau colonel inculpé était trouvé mort, après son repas dans la prison. Finalement, le 6 juin je rendais compte : « Dans procès main noire et attentat contre prince-régent, tous prévenus condamnés; neuf à mort, deux à quinze ans forteresse. » Peu de jours après (compte rendu du 10) je signalais le fait suivant : « Colonel serbe, condamné à mort dans récent procès s'est évadé et réfugié chez ministre grec. Police grecque l'a arrêté et remis aux Serbes. » Enfin le 29 juillet, trois des condamnés étaient fusillés. Ces exécutions n'eurent comme résultat réel que d'exaspérer l'opinion serbe contre les Grecs qui avaient livré un des leurs qui avait eu confiance en eux; la main noire continuait d'ailleurs à vivre malgré les exécutions, peut-être à cause d'elles (Chapitre XXVI, pages 257 et 258).

Remarques :

1° Les débats commencèrent le 20 mars ancien style, le 2 avril nouveau style et non le 2 août;

2° Parmi les condamnés se trouvaient : 1 général, 5 colonels, 2 lieutenants-colonels, dont l'un est mort en prison, 1 commandant et 1 vice-consul;

3° On a soupçonné le lieutenant-colonel dont parle le général Sarrail, d'avoir en 1903 jeté le corps de la reine Draga par la fenêtre du palais royal, mais il fut établi que le coupable de cet acte fut un autre officier. Il est inexact de dire que ce lieutenant-colonel ait assommé et violé la reine Draga, puis promené la matrice au bout de son sabre;

4° L'officier qui s'est évadé et réfugié chez un ministre grec n'était pas colonel. Il s'agit du lieutenant-colonel, mentionné ci-dessus.

Il serait à désirer que le général Sarrail, commandant en chef des troupes alliées à Salonique et qui en cette qualité pouvait interdire que le procès ait lieu en cette ville, s'explique là-dessus plus longuement dans l'intérêt de la vérité historique, du droit et de la justice.

VII

ANNEXE II

I

Remarques sur le procès de Salonique en 1917, par M. Bogitchévitch. (Traduction de l'article de la revue « Kriegsschuldfrage », avril 1924).

Le procès, connu sous le nom du procès de Salonique, qui se déroula pendant la guerre à Salonique en 1917, contre un groupe d'officiers serbes appartenant à la société « Union ou Mort » dite « Main Noire », à la suite d'une soi-disant tentative d'attentat contre le prince-héritier et régent d'alors, actuellement roi Alexandre de Yougoslavie, se termina par la condamnation à mort de plusieurs officiers, notamment de l'un des plus capables, le colonel Dragoutine Dimitriévitch, et par la condamnation aux travaux forcés à vie de beaucoup d'autres. Ce procès est d'une importance considérable au point de vue des problèmes soulevés par la question des responsabilités de la guerre.

Le but unique de ces lignes est d'attirer l'attention sur un point important pour la question des responsabilités de la guerre.

La guerre s'étant terminée par un succès, le prince régent s'est vu contraint, à cause du mécontentement général que provoquait ce procès (qui avait été intenté et conduit d'une façon odieuse à tous les points de vues) dans toutes les sphères intellectuelles de la Serbie, de gracier les officiers condamnés, sans toutefois leur rendre leurs droits civiques et militaires. Dès le premier jour de leur libération, ces officiers affirmèrent solennellement leur innocence en invoquant leurs mérites, indiscutables pour tout Serbe, de champions du mouvement national. N'avaient-ils pas contribué à soulever les régions yougoslaves de l'ancienne monarchie austro-hongroise et participé aux guerres balkaniques et à la guerre mondiale dont les succès avaient eu de telles conséquences pour l'union de tous les yougoslaves sous la dynastie des Karageorgevitch? Ces officiers s'efforcèrent, sans jamais se lasser, d'exiger la révision de leur procès.

La révision du procès devant un tribunal indépendant aurait dû mettre au jour de façon irréfutable les assassinats et les erreurs juridiques commis au cours de ce procès et révélé les intrigues politiques qui l'avaient provoqué et les motifs qui avaient fait organiser cette parodie judiciaire. De nouveaux débats auraient en outre jeté de vives lumières sur la propagande révolutionnaire des milieux officiels de la Serbie dans l'ancienne monarchie austro-hongroise. Cette propagande se termina par l'assassinat de l'archiduc François-Ferdinand et par la guerre mondiale. Or, tant que les hommes actuellement au pouvoir en Yougoslavie, puisque ce sont ceux d'avant la guerre, gouverneront, une révision du procès ne peut être envisagée.

Les officiers condamnés l'ont compris et en ont tiré les conséquences. Dans une déclaration, adressée à la Chambre des Députés (Skoupchtina) le 28 février de cette année, ils expriment leur conviction que le dernier de ceux qui furent impliqués dans ce procès disparaîtra de la surface de la terre, avant que les hommes au pouvoir qui ont voulu et organisé ce procès en acceptent la révision. Dans ces conditions ils renoncent à tout espoir de faire triompher la vérité par voie judiciaire, et c'est pour cette seule raison qu'ils renoncent à la révision de leur procès. Ils estiment donc de leur devoir de s'adresser au corps législatif, seul tribunal auquel ils puissent encore recourir, pour établir les faits suivants, basés sur la pure vérité :

1° L'organisation « Ujedinenje ili Smrt » (Union ou mort) a été une organisation patriotique, dont l'activité a toujours été connue des autorités compétentes et se conformait à leurs intentions;

2° Les membres de l'organisation n'ont jamais entrepris quoi que ce soit contre la personne, la vie ou la situation du prince régent, roi actuel de Yougoslavie. Au contraire ils ont toujours exposé leur vie pour la défense de leur roi et de leur patrie;

3° Ils n'ont jamais entrepris quoi que ce soit

contre la Constitution ou contre l'ordre légal de l'Etat;

4° Ils n'ont jamais affirmé que l'ancien prince-régent ait été l'auteur du procès de Salonique; ils étaient plutôt convaincus et pensent encore aujourd'hui que quelques hommes politiques qui seuls, grâce à leur situation, pouvaient organiser ce procès et en déterminer le résultat, avaient intérêt à lier la destinée du souverain à la leur, en lui faisant redouter un péril qui n'existait que dans leur imagination.

Par ces quelques indications, on voit combien ce procès intéresse la question des responsabilités de la guerre et lui fournit de précieux éléments d'appréciation, et combien, pour les détenteurs du pouvoir de la Serbie, c'est une question de vie ou de mort de ne pas permettre la révision de ce procès. Elle jetterait en effet de nouvelles et décisives clartés sur les véritables responsabilités de la guerre mondiale, en ce qui concerne la Serbie, et mettrait en évidence la part énorme de l'organisation « Union ou Mort » dans l'union des Yougoslaves.

J'ai cru nécessaire d'attirer sur ce point l'attention de ceux qui s'occupent spécialement de la question des responsabilités, car on ne le connaît que d'une façon très insuffisante.

II

Le soi-disant avertissement du gouvernement serbe au gouvernement autrichien concernant l'attentat de Serajevo, par M. Boghitchévitch. (Traduction de l'article de la revue « Kriegschuldfrage », juillet 1924, N° 7).

I

A l'occasion du dixième anniversaire de l'assassinat de l'archiduc François-Ferdinand (28 juin 1914 nouveau style, 15 juin ancien style), la question de savoir si le gouvernement autrichien avait reçu un avertissement du gouvernement serbe a été discutée par la presse autrichienne. Vu l'importance de cette affaire, notre revue s'est aussi occupée maintes fois de cette question et a publié des détails intéressants, et ignorés jusqu'ici.

Comme de récentes publications permettent de nouveau et mieux encore de jeter quelque lumière sur cet aspect des recherches relatives aux responsabilités de la guerre, mais comme en même temps les renseignements utiles sont dispersés dans les journaux, les revues et les livres les plus divers, il est nécessaire tout d'abord de résumer.

On pourra plus aisément, en se basant sur les faits acquis, relever certaines contradictions et se prévaloir de conclusions bien établies. On sait que le fait d'un avertissement a été démenti du côté autrichien. Le seul qui ait fait exception a été M. Flandrak, ancien chef du bureau de la presse du Ministère commun des Finances qui, ainsi qu'on l'a écrit dans cette revue (numéro d'avril, N° 4, p. 109) a laissé entendre « qu'un avertissement avait été donné par la Légation de Serbie à Vienne », et adressé à M. Bilinski, et que du Ministère des Finances on l'avait fait passer à Serajevo (1). Dans les plus récentes publications on parle de lettre de menaces et d'avertissements anonymes adressés en certains endroits et à certains personnages officiels (2).

On sait que le comte Berchtold a déclaré pendant la guerre et, aussi plus tard, qu'il n'avait pas reçu d'avertissement quelconque du ministre de Serbie. M. de Bilinski, questionné à ce sujet,

(1) L'avertissement adressé à Bilinski par Yovanovitch et signalant la possibilité qu'on tire des cartouches à balles à l'occasion des manœuvres, a été remis par voie hiérarchique et régulièrement au gouverneur (Landeschef), qui était en même temps commandant en chef des manœuvres, car on supposait à juste titre qu'il ne serait nullement difficile de contrôler l'état des munitions des hommes. D'ailleurs, à la même époque, Léopold Mandl, ainsi qu'il le dit dans son livre « Les Habsbourg et la question serbe », page 150, a reçu un avertissement identique du colonel serbe Lechanine, attaché militaire à Vienne, — avertissement qui devait être interprété dans le même sens et qui n'offrait pas de base suffisante pour qu'on adresse un avertissement direct à l'archiduc. Depuis M. Flandrak a écrit dans le « Neues Wiener Journal », que toutes les démarches faites par le ministre de Serbie à Vienne n'ont pu être considérées comme un avertissement quelconque.

(2) Ces lettres de menaces et d'avertissements provenaient en majeure partie du côté croate, qui se trouvait alors souvent en contradiction avec les Serbes.

a déclaré que, précisément sur ce point « il désirait étendre le voile de l'oubli ». Dans ses mémoires posthumes, écrits en polonais (1), il a, il est vrai, raconté de façon détaillée comment l'archiduc héritier avait ostensiblement évité de lui parler de son voyage en Bosnie (2), mais il ne fait aucune allusion à un avertissement qui aurait été adressé de la part de M. Yovanovitch, ce qui s'accorde fort bien avec son refus de s'expliquer sur cette question. Il a préféré insister sur le fait que l'accusation portée contre lui de n'avoir pas déconseillé à l'Empereur le voyage de l'archiduc en Bosnie était absolument fausse (3).

Il n'est pas question non plus d'un avertissement donné de sa part à l'archiduc et l'affirmation énoncée par un journal d'ici (4) que Bilinski,

(1) Nous savons maintenant que M. Bilinski ne parle dans son livre d'aucun avertissement.

(2) Voir « Neue Freie Presse » (Nouvelle Presse libre) du 28 juin 1924, N° 21.479.

(3) Voir « Neues Wiener Tagblatt » du 28 juin 1924, N° 177, et particulièrement du 29 juin 1924, N° 178, qui contient un article et une rectification de M. Glaise-Horstenau intitulé « L'assassinat de l'archiduc à la lumière des connaissances historiques d'aujourd'hui. »

(4) C'est « Die Stunde » (l'Heure), un journal à sensation de Vienne, — là encore les données ne concordent pas — qui a donné cette nouvelle dans son numéro du 29 juin 1924. Eugène de Irinyé, qui est ici correspondant de journaux hongrois, a pris aussitôt des informations sur l'exactitude de la nouvelle lancée par « l'Heure »; sur quoi il a reçu une lettre du baron Rummerskirch, dans laquelle celui-ci l'invite à établir que Bilinski n'a jamais cherché à obtenir une audience et ne lui a jamais fait une communicaton pareille comme l' « Heure » le prétend.

après la visite du ministre de Serbie chez lui, s'est rendu sur-le-champ chez le baron Rummerskirch, grand maître de la cour de l'archiduc, pour le mettre au courant de la communication, a été déclarée fausse par ce dernier.

En outre, pour que nos constatations soient complètes et sans toutefois vouloir attribuer à ce fait une force concluante, il a été établi qu'on n'a trouvé aucune trace d'un avertissement officiel quelconque ni dans les papiers de l'archiduc héritier, ni dans les archives du Ministère des Affaires Étrangères. On doit insister expressément sur ce point, parce que cette constatation a été trouvée ridicule selon le proverbe : *Quod non est in actis non est in mundo.*

Ce qui importe davantage c'est que, contrairement à l'affirmation du professeur serbe d'histoire Stanoyevitch, le numéro d'enregistrement du Ministère autrichien des Affaires Étrangères (qu'il a même cité comme preuve), n'a jamais existé (1). On sait que M. Stanoyévitch a voulu rejeter, dans sa publication tendancieuse, toute la responsabilité de l'assassinat de l'archiduc sur le colonel Dragoutine Dimitriévitch et sur le commandant Voja Tankositch et qu'au sujet de l'avertissement qui aurait été donné, il prétend, pour décharger le gouvernement, que M. Yovanovitch, ministre serbe à Vienne, a attiré *officiellement*, quelques jours avant l'attentat, l'attention du

(1) L'assassinat de l'archiduc François-Ferdinand (édition serbe), page 50.

gouvernement austro-hongrois sur le fait qu'il pourrait arriver, à Serajevo, quelque chose de désagréable à l'archiduc (1).

On sait encore que, déjà pendant la guerre, un Français, E. Denis (2), professeur d'histoire à la Sorbonne, affirme dans son livre qui n'utilise que des données officielles serbes que : « M. Pachitch a essayé d'éveiller discrètement l'attention du Ballplatz sur les dangers auxquels l'archiduc s'exposait; le 21 juin (3) le ministre de Serbie à Vienne informa le ministre des Affaires Étrangères, que son gouvernement avait des raisons de croire qu'on préparait un complot en Bosnie ».

Récemment Georges Yossimovitch (4), ancien

(1) Ceci est d'autant plus remarquable que le gouvernement serbe a exercé, après la débâcle autrichienne une pression sur le gouvernement autrichien pour qu'on lui donne les copies des actes concernant les pays yougoslaves, actes pris à Vienne dans les archives des ministères et, dans les archives de la Cour et de l'Etat. M. Renner qui était alors chancelier de la République autrichienne y avait donné son consentement qui n'a pu être retiré par M. Schober, qui fut plus tard chancelier de la République bien qu'elle eût produit ici une très pénible impression dans les sphères politiques et officielles. Le gouvernement serbe avait ainsi entre les mains toute la documentation nécessaire pour appuyer les affirmations de son professeur d'histoire. Or il est impuissant à y réussir. On peut en dire autant des différents procès de haute trahison en Bosnie — Banjalouka, Touzla, Serajevo — ainsi que des procès contre les Tchèques, — Klofatch et Kramarz —, qu'on aurait exploités certainement au profit du gouvernement serbe, si quelque conclucion favorable avait pu en être dégagée.

(2) « La grande Serbie », Paris 1915, page 277.

(3) Nouveau style.

(4) « Sonn-und Montagszeitung » du 23 juin 1924, N° 25.

membre de la légation serbe à Vienne à l'époque de l'attentat, s'est exprimé à ce sujet, dans le « Journal du lundi » de Vienne de la façon suivante : « Le 18 juin 1914 (1) le ministre serbe Yovanovitch à Vienne reçut de Pachitch une dépêche chiffrée lui mandant de déconseiller le voyage de Serajevo à l'archiduc François-Ferdinand ou tout au moins de le mettre en garde contre les dangers qui le menaçaient. Le ministre s'inquiétait de la façon dont il pourrait accomplir cette mission extrêmement délicate, sans nuire à la Serbie. Tout d'abord il voulut communiquer le contenu de la dépêche de Pachitch au comte Berchtold, ministre des Affaires Étrangères, puis il renonça à ce projet et décida de mettre M. de Bilinski, ministre commun des Finances et chef suprême de la Bosnie, au courant de l'avertissement du président du Conseil des Ministres serbe, ce qui fut fait le 21 juin à midi. M. Bilinski ne communiqua pas directement la nouvelle à l'archiduc, parce que celui-ci ne l'avait pas mis au courant des préparatifs et du programme de son voyage en Bosnie et il fit parvenir ces communications au grand maître de la cour de l'archiduc, le baron Rummerskirch (2).

Comme une explication personnelle de M. Yova-

(1) Nouveau style.

(2) Et plus loin on lit dans le même article : « Nous avons appris ces détails à la légation serbe à Vienne par des fonctionnaires du Ministère commun des finances et le Dr de Bilinski remercia plus tard le ministre Yovanovitch de la peine qu'il avait prise. »

novitch me paraissait indispensable, je l'ai sollicitée, et, grâce à une bienveillante médiation, je l'ai obtenue. La voici : « Au mois de mai, fin mai 1914 (1), j'avais dit au ministre commun des Finances M. de Bilinski — quand j'eus appris que l'archiduc Ferdinand devait se rendre en Bosnie le 14 ou le 15 juin 1914, pour assister aux manœuvres de Serajévo, précisément au jour anniversaire de la bataille du « Champ des Merles » le « Vidov-dan » (fête de la Saint-Guy), (2) — qu'il était inopportun (nezgodno) que l'archiduc commandât les manœuvres un tel jour. Ce serait provoquer les Serbes et un événement fâcheux pourrait se produire (rgjavo), car il arrive bien souvent dans les manœuvres que l'on tire quelques cartouches à balles, au lieu de cartouches à blanc. De Bilinski a pris connaissance de ma communication et m'a dit, trois jours plus tard, que la décision était prise et que l'archiduc héritier austro-hongrois assisterait aux manœuvres. Le reste est connu ».

(1) Ici il est d'abord douteux s'il s'agit de l'ancien ou du nouveau style. Si les dates indiquées par Denis, Stanoyévitch et Yoksimovitch sont justes, il s'agirait du vieux style, c'est-à-dire approximativement d'une date entre le 10 et le 14 juin nouveau style. D'une nouvelle communication de M. Yovanovitch au « Neues Wiener Tagblatt », communication que nous avons mentionnée ailleurs, il ressort d'une façon évidente qu'il ne peut être question que du nouveau style.

(2) Le 15 juin 1389, vieux style, est pour les Serbes le jour de la malheureuse bataille du « Champ des Merles » livrée contre les Turcs et dont les conséquences furent que l'empire serbe d'alors perdit son indépendance.

A la demande de la rédaction du « Neues Wiener Tagblatt », M. Yovanovitch a envoyé un exposé, à l'occasion du dixième anniversaire de l'assassinat. Nous ne pouvons le donner ici intégralement, parce qu'il touche à divers autres points qui sont encore à rectifier. Nous nous contenterons d'y relever ceci : « Je me bornerai à vous donner un exposé authentique sur l'avertissement adressé par moi à l'archiduc. J'ai pris seul l'initiative de cet avertissement. » Suivent quelques réflexions sur le moment et le lieu des manœuvres, sur l'impression qu'a faite sur la population serbe le voyage projeté.

Puis il continue :

« Je dois insister ici sur le fait que l'archiduc François-Ferdinand était connu chez nous comme un ennemi de la Serbie et des Serbes et qu'il était particulièrement hostile à l'idée du « Piémont des Yougoslaves » (1).

Ensuite il s'explique ainsi sur la façon dont il s'est entretenu de cette question avec M. de Bilinski : « Après avoir mûrement pesé toutes ces circonstances, je décidai de me rendre auprès du Dr de Bilinski, qui était alors ministre commun des Finances de l'empire et ministre pour la Bosnie. La visite eut lieu, autant que je puis me le rappeler, vers le 5 juin, c'est-à-dire 25 jours avant l'attentat. Je dis en toute franchise au mi-

(1) C'est l'idée du Prince Michaël Obrenovitch sur la libération de tous les Serbes et sur leur réunion à la principauté Serbe d'alors, sous sa dynastie.

nistre Bilinski, ce que j'avais appris, c'est-à-dire, que les manœuvres en Bosnie devaient avoir lieu sur la Drina, donc vis-à-vis de la Serbie et que c'est l'archiduc François-Ferdinand qui les dirigerait en personne (1). Je dis au ministre Bilinski : « Si cela est vrai, je puis assurer à Votre Excellence qu'il en résultera un grand mécontentement parmi les Serbes qui verront dans ce fait une véritable provocation (!). En de telles circonstances des manœuvres sont dangereuses. Il pourrait arriver que parmi la jeunesse serbe se trouve quelqu'un qui charge son fusil ou son revolver non à blanc, mais à balle, et qui fasse feu. Et cette balle pourrait frapper le provocateur (!). Il serait donc prudent et sage que l'archiduc François-Ferdinand s'abstienne de se rendre à Serajevo et que les manœuvres n'aient pas lieu le jour de la Saint-Guy en Bosnie (!) ». Le Dr de Bilinski après avoir écouté mes paroles, qui assurément étaient assez claires, me répliqua qu'il en prenait note et qu'il me ferait part du résultat qu'elles obtiendraient de l'archiduc. Personnellement il ne

(1) Ce n'était pas exact, car les manœuvres eurent lieu à bien des kilomètres de la frontière de la Drina et leur ordre de bataille n'était ni une attaque ni une défense contre la Serbie, mais bien plutôt la supposition qu'un ennemi, débarqué du côté de la mer, s'avançait, occupait la Dalmatie et parvenait jusqu'aux montagnes d'Ivan. Les manœuvres tournaient autour de la « Selle d'Ivan ». L'affirmation que l'archiduc héritier commandait les manœuvres était également inexacte, car l'archiduc y assistait seulement comme représentant du chef des armées, comme inspecteur des manœuvres, tandis que les manœuvres étaient dirigées par le général d'artillerie Potiorek.

croyait pas que les manœuvres produiraient l'effet que je prévoyais et il était convaincu que les Serbes ne manifestaient aucune agitation en Bosnie. Quelques jours plus tard, je me présentai de nouveau pour cette même affaire chez le ministre Bilinski. Mes efforts furent vains, j'appris bientôt que le programme antérieur avait été maintenu et que, malgré mon avertissement, on n'y avait apporté aucun changement. On chercha bien à dissuader l'archiduc François-Ferdinand, mais il n'en fit qu'à sa propre tête... J'ai eu l'impression que mon avertissement n'avait eu d'autre résultat que de fortifier sa résolution de prendre part aux manœuvres, et de couper court à toute hésitation. Et c'est ainsi qu'il est parti pour les manœuvres — pour les manœuvres sur la Drina et le jour de la Saint-Guy... »

II

Toutes ces affirmations exigent de nouvelles et multiples explications, car elles fourmillent de contradictions inadmissibles. Comment se fait-il qu'on ne mentionne pas l'avertissement dans le livre bleu serbe, d'autant plus que M. Pachitch, président du Conseil des ministres, doit avoir dit, lors d'une séance de la Skouptchina, qui eut lieu immédiatement avant que la guerre éclate, en juillet 1914, en réponse à une question posée par le député Dragoutine Petchitch, qu'il avait averti le gouvernement autrichien. Quel jour cette séance a-t-elle eu lieu et peut-on établir le texte exact de la question posée et celui de la réponse? Comment expliquer que les données concernant la forme et les conditions de l'avertissement varient à un tel point? Pourquoi y a-t-il désaccord sur l'adresse à laquelle on a envoyé cet avertissement aussi bien que sur son contenu? N'est-il pas frappant que, d'après les témoignages serbes, M. Bilinski aurait non seulement été averti du danger à courir, mais encore aurait, après l'assassinat, remercié Yovanovitch de l'avoir averti, comment se fait-il que ce point sur lequel on a tant écrit et discuté dans la presse depuis que la guerre a éclaté, n'ait pas été jugé digne d'être mentionné dans les mémoires de Bilinski? Si les indications de l'ancien fonctionnaire de la légation de Serbie à Vienne, M. Jossimovitch sont fondées, elles sont en contradiction formelle avec l'assertion du ministre de Serbie à Vienne Yovanovitch, « qu'il avait agi de sa propre initiative »; même si ce télégramme officiel de Belgrade a été expédié à l'instigation du ministre lui-même, ce qui, selon sa propre déclaration, ne semble pas avoir été le cas, la question du contenu exact du télégramme officiel d'avertissement est plus importante que la question de l'initiative. En outre, qu'est-ce qui a pu pousser le Ministre à hésiter ne fût-ce même qu'un instant, sur la question de savoir comment et à qui il convenait de communiquer le contenu du télégramme? Le fait dont on lui faisait officiellement part était assez grave pour qu'il en informe immédiatement le ministre des Affaires Étrangères, seule autorité compétente pour un ministre d'un pays étranger. Au surplus la responsabilité énorme qu'assumait dans des conditions aussi spéciales le ministre l'obligeait à communiquer sans retard aucun le texte même de l'avertissement. Sa conscience eût été ainsi à l'abri de toute inquiétude. Comment le ministre a-t-il pu avoir ces étranges scrupules, et comment après s'être décidé à parler s'est-il adressé, non au comte Berchtold, mais à M. de Bilinski? Et il ne lui rend visite, pour lui faire cette communication, que trois jours après avoir reçu le télégramme, alors que chaque minute était si précieuse! Si la date de l'avertissement, indiquée par E. Denis — le 21 juin nouveau style — est la date exacte, l'avertissement aurait eu lieu alors que l'archiduc héritier était déjà en route. Tout ceci ferait supposer qu'il ne peut être question d'un véritable avertissement, mais seulement d'une échappatoire imaginée par le gouvernement ou par le ministre lui-même, en prévision d'un événement fâcheux, qui ne serait désagréable en réalité ni au gouvernement, ni à une grande partie de la population serbe, systématiquement travaillée par la propagande, ni à M. Yovanovitch lui-même; M. Yovanovitch n'a-t-il pas jugé nécessaire d'insister sur le fait que l'archiduc était détesté des Serbes, parce qu'il était hostile à l'idée du « Piémont de la Serbie » (?).

Quant à l'explication qu'a fournie M. Yovanovitch au « Neues Wiener Tagblatt » et à moi-même, on doit constater tout d'abord qu'on ne saurait méconnaître qu'on a peu à peu introduit des nuances dans le sens précis du mot employé pour désigner l'avertissement adressé à M. de Bilinski. L'acte était si grave et ses conséquences étaient de telle importance que les paroles adressées à Bilinski auraient dû se graver dans la mémoire de M. Yovanovitch de telle sorte qu'aucune altération dans les mots et moins encore dans les phrases ne fût à craindre pour l'avenir.

Comment en est-il arrivé à rapporter l'avertissement dans ces termes, comment en est-il arrivé à n'envisager qu'un attentat du côté de l'armée? Lui et son gouvernement ignoraient-ils à ce point la préparation d'un attentat, alors que se multipliaient les symptômes de cette préparation? J'estime donc que l'avertissement tel qu'il se formulait ne pouvait être compris par l'Autriche comme l'avertissement sérieux qu'un attentat était imminent. Si vraiment Yovanovitch ignorait tout de l'attentat qui se préparait, son intervention auprès de M. Bilinski constituait une ingérence dans les affaires purement intérieures de l'Autriche, absolument étrangère aux traditions diplomatiques, dans le but d'empêcher le voyage de l'archiduc si extraordinairement désagréable aux Serbes.

En me basant sur les recherches et les conclusions obtenues jusqu'ici sur les antécédents du crime de Serajevo, je ne crois pas me tromper en exprimant ma conviction que le gouvernement serbe d'alors, de même que le ministre de Serbie à Vienne, M. Yovanovitch, devaient avoir eu connaissance d'un attentat en préparation contre l'archiduc héritier autrichien et que les scrupules exprimés à Vienne à propos du voyage de l'archiduc en Bosnie ne pouvaient être considérés, surtout du côté autrichien, comme une mise en garde contre un attentat. D'ailleurs même un avertissement parfaitement clair et précis ne suffirait pas à innocenter le gouvernement serbe puisque, ainsi qu'on l'a appris après coup, les instigateurs moraux de l'attentat sur territoire serbe ont été des ressortissants serbes qui occupaient de hautes fonctions et que, pour cette raison, le gouvernement aurait dû non seulement avertir de l'attentat mais surtout l'empêcher à tout prix. Il ne l'a pas fait. Reste à savoir s'il ne l'a pas voulu, s'il ne l'a pas pu ou s'il n'a pas osé l'empêcher. Or trois questions se posent : ne l'a-t-il pas voulu, ne l'a-t-il pas pu ou ne l'a-t-il pas osé?

Pour terminer, je me permettrai encore deux questions. Le gouvernement serbe savait-il déjà alors, qu'en décembre 1913 un attentat contre l'archiduc héritier avait été décidé et que cet attentat aurait été accompli sans considération du lieu où se serait trouvé au moment opportun l'archiduc? Le gouvernement serbe a-t-il protesté

(1) Et non pas seulement en se basant sur un rapport de l'Etat-Major russe à Dragoutine Dimitriévitch, chef

publiquement contre les déclarations des officiers appartenant à l'organisation « Ujedinjenje ili Smrt » (Union ou Mort) du 28 février 1924 (1) affirmant que cette organisation n'était pas une organisation secrète, mais une société politique, dont les actions avaient toujours été connues des autorités compétentes et qu'elles avaient toujours concordé avec les intentions du gouvernement?

III

Nouveaux détails sur l'attentat de Serajevo par M. Boghitchevitch.
(traduction de l'article de la Revue « Kriegschuldfrage », Janvier 1925).

La revue paraissant à Vienne « La Fédération Balkanique » publie dans son numéro du 1er décembre 1924, N° 9, un article signé par Nicolas Nenadovitch et intitulé : « Les secrets de la camarilla de Belgrade ». (Crise de l'État S. H. S. vue à la lumière du procès de Salonique).

Sans qu'il soit nécessaire de s'attarder à l'examen des tendances politiques qui s'y manifestent ni d'y adhérer, cet article renferme certaines affirmations et constatations qui ne peuvent être

du bureau d'information de l'Etat-Major serbe, disant qu'à l'occasion de l'entrevue de Konopischt entre l'archiduc François-Ferdinand et l'empereur Guillaume, la guerre contre la Serbie avait été décidée, ainsi que le prétend avec une naïveté voulue, le professeur Stanoyévitch, *loc-cit*, page 43.

(1) Voir le numéro d'avril de cette revue.

négligées, parce que, depuis assez longtemps déjà, elles étaient familières aux initiés et ont été reconnues exactes par ceux-ci. On y trouve en outre de nouvelles données et des témoignages accablants sur le problème des responsabilités de la guerre. L'ensemble des conclusions confirme à bien des points de vue ce que j'ai écrit précédemment dans cette revue sur le procès de Salonique et sur l'assassinat de l'archiduc héritier autrichien (voir le N° 4 (avril) et le N° 7 (juillet) de cette revue). Ces déclarations sont importantes aussi parce qu'elles peuvent être, au moment opportun, appuyées par des preuves judiciaires. La première constatation qu'il importe de souligner est que, d'après les affirmations du colonel Dragoutine Dimitriévitch et de deux de ses amis impliqués dans le procès de Salonique, non seulement l'attaché militaire à Belgrade, le colonel Artamanov — ce qui d'ailleurs était connu depuis longtemps — était parfaitement renseigné sur le plan de l'attentat projeté contre l'archiduc héritier autrichien, mais encore que le ministre de Russie à Belgrade ainsi que M. Pachitch, à cette époque président du Conseil des ministres, et même Alexandre, régent et prince héritier d'alors, et actuellement roi de Yougoslavie, ne l'étaient pas moins.

L'article ne nous apprend pas comment ces personnalités officielles ont eu connaissance de ce plan. Nous sommes à même de publier à ce sujet certains détails intéressants :

1° « Il est établi, ainsi que, d'ailleurs le professeur Stanoyevitch l'a prouvé dans sa brochure « L'assassinat de l'Archiduc François-Ferdinand », que l'État-Major russe avait averti l'État-Major serbe que l'Autriche avait décidé une offensive militaire prochaine contre la Serbie, à l'occasion de la visite de l'empereur d'Allemagne, à Konopischt, chez l'archiduc François-Ferdinand. Depuis lors il a été établi de façon péremptoire que cette nouvelle était absolument fausse.

2° Il est aussi connu, que le colonel Dragoutine Dimitriévitch, en sa qualité de chef du bureau d'informations de l'Etat-Major serbe, a reçu de Rade Malobabitch, son confident, exécuté comme lui après le jugement de Salonique, des plans détaillés sur les manœuvres autrichiennes qui devaient avoir lieu tout près près de la frontière serbe, et auraient entraîné une agression militaire contre la Serbie. En se basant sur cette communication l'État-Major serbe avait ordonné pour la même époque que celle où auraient lieu les manœuvres autrichiennes, des manœuvres préventives de divisions à la frontière de la Drina (1).

(1) Les plans que Malobabitch apporta au colonel étaient les plans d'attaque autrichiens préparés en 1908 lors de l'annexion de la Bosnie-Herzégovine en prévision d'une offensive en Serbie. Nous avons déjà dit, annexe II, page 119, note 1, que les manœuvres de juin 1914 ont eu lieu dans la région de l'Ivan Planina (montagne). Elles avaient comme objectif d'arrêter un adversaire débarqué sur la côte autrichienne de l'Adriatique — on pensait aux Italiens — et d'enrayer son avance vers Serajevo.

3° L'assassinat de l'archiduc autrichien fut décidé déjà fin décembre 1913 ancien style sans qu'on se préoccupât du lieu où il s'accomplirait. Malgré cela les « historiens » serbes (voir Stanoyevitch, page 45, édition serbe) prétendent que l'assassinat de l'archiduc autrichien n'avait été décidé par le colonel Dimitriévitch que sur l'information mentionnée ci-dessus de l'État-Major Général russe, afin de faire obstacle (sic!) au plan offensif autrichien. Dimitriévitch était un homme d'action, une nature combattive et non pas un homme qui cherchait à entraver les événements. Quelle sotte et méchante idée se fait-on de l'intelligence de cet officier serbe si capable pour l'imaginer dans ce rôle. Tout au contraire, il aurait dû se dire : L'assassinat, c'est la guerre avec l'Autriche, cette guerre si ardemment désirée et qui doit nous permettre de réaliser notre idéal, nous la voulons, mais il faut que nous puissions compter sur l'appui de la Russie.

Et toutes les autres circonstances obligent à accepter ce point de vue et démontrent en outre que, dans certains milieux russes, la guerre apparaissait comme indispensable. S'il n'en avait pas été ainsi, comment pourrait-on expliquer, que le colonel Dragoutine Dimitriévitch, peu de temps avant l'exécution de l'attentat, en donne communication à l'attaché militaire russe, en lui demandant son consentement? L'attaché militaire russe réclame un délai de trois jours pour informer télégraphiquement qui-de-droit et reçoit effectivement de Saint-Pétersbourg, au bout de trois jours, l'approbation sollicitée. Une forte somme d'argent est même remise au colonel pour l'exécution du plan. On dit que Dimitriévitch avait aussi informé directement le ministre de Russie ou qu'il l'avait fait informer indirectement. Il importe peu de savoir comment fut informé le ministère russe, l'essentiel est qu'il l'a été. Est-il admissible que le ministre russe n'ait pas fait connaître aux autorités supérieures qu'un tel événement était proche ni insisté sur les suites incalculables qu'il comportait? On doit admettre tout au moins l'assentiment tacite, sinon du ministère des Affaires Étrangères russe, tout au moins de son ministre plénipotentiaire à Belgrade. Il n'est pas impossible que Hartwig ait fait de la politique personnelle, ainsi que firent bien des représentants de la Russie à l'étranger (par exemple Tcharikov à Constantinople). Or pour Hartwig comme pour le gouvernement serbe, la question se pose : Le ministre de Russie a-t-il entrepris quoi que ce soit pour empêcher l'attentat? Ici encore la réponse est négative. Or tout l'ensemble de ces faits serait encore à examiner en détail.

Personne n'ignorait que le ministre russe à Belgrade, Hartwig, était lié intimement non seulement avec le feu ministre des Affaires Étrangères, M. Milovanovitch, décédé subitement en 1912, mais aussi avec M. Pachitch et qu'il aimait à se vanter de son influence prépondérante sur le gouvernement serbe. Peut-on croire qu'il n'y ait eu aucun échange de vues entre eux sur cette affaire? La cour, elle aussi, entretenait avec la légation russe des relations extrêmement intimes et les princes y étaient comme chez eux.

Si l'on considère les personnalités qui, du côté serbe, jouèrent un rôle, il est tout d'abord hors de doute que le chef du bureau d'informations Dimitriévitch a dû faire un rapport à son supérieur, au chef de l'État-Major, le voïvode Poutnik, tant sur l'avertissement de la Russie que sur le plan des manœuvres autrichiennes que Malobabitch lui avait communiqué. C'est en effet sur la base de ces communications que furent ordonnées les contre-manœuvres serbes par ordre du chef de l'État-Major. Et si, négligeant les considérations de service, on tient compte uniquement des relations d'amitié et de confiance réciproque qui existaient entre le voïvode et le colonel Dimitriévitch, il est impossible de supposer que celui-ci ait pu laisser dans l'ignorance de son projet un ami dont les sympathies étaient tout acquises à ses idées. Aujourd'hui encore le chef de l'État-Major serbe se rend tous les lundis, dans la matinée, au palais du roi pour y faire son rapport. Il est vrai que les relations entre le prince régent et M. Pachitch d'une part, et le colonel Dimitriévitch d'autre part, étaient déjà alors très tendues, et il est peu probable que ce dernier ait laissé connaître personnellement quelque chose de ses plans à ceux-ci. Toutefois le chef de l'État-Major doit en avoir parlé au roi et celui-ci doit avoir mis aussi

M. Pachitch dans la confidence. On peut d'autre part supposer que M. Pachitch avait été déjà renseigné à ce sujet par le ministre russe. Cette question sera traitée plus loin.

En tout cas, voici ce qui a été établi à ce sujet : Dans l'ultimatum autrichien, on exigeait aussi, la chose est connue, l'arrestation d'un certain Milan Ziganovitch. Or le gouvernement serbe avait déclaré dans sa réponse que Ziganovitch, qui d'ailleurs était sujet austro-hongrois, avait été employé subalterne jusqu'au 15-28 juin (qu'on fasse bien attention à cette date) (1) — on insistait particulièrement sur ce point — à la direction des chemins de fer serbes, mais qu'actuellement il était introuvable. On savait avant le procès de Salonique, et le procès a établi de façon irrécusable, que Ziganovitch, déjà avant la guerre était un mouchard et un agent provocateur au service du gouvernement radical de M. Pachitch et qu'en qualité de membre de la Main Noire, il renseignait fidèlement le gouvernement sur tout ce qui s'y passait. Nous pouvons maintenant nous représenter clairement quelle était son activité. Comme agent policier du gouvernement serbe, il affermit tout d'abord les étudiants de Bosnie dans leur idée de commettre l'assassinat, puis il les introduisit auprès des membres du comité de la Main Noire, d'abord auprès de Voja Tankositch, ensuite, par l'intermédiaire de celui-ci,

(1) Jour de l'assassinat.

auprès du colonel Dimitriévitch. En qualité d'ancien Komitadji, il avait reçu l'ordre de Tankositch d'exercer Prinzip et Grabez, à Topschider (1), au tir au pistolet et au lancement des bombes. Assurément le gouvernement serbe, d'après ce que nous venons d'exposer, devait être au courant de toutes les phases du complot et était parfaitement renseigné sur la présence et le séjour de son agent. Pourtant il ne donna aucun ordre pour son arrestation et son extradition. Tout au contraire, il enjoignit à la direction des chemins de fer de rayer son nom de tous ses livres et le fit, aussitôt après l'attentat, disparaître dans l'intérieur du pays, bien loin en Macédoine. En mars 1915 on lui a versé, sur la recommandation de Drachkovitch, qui était alors ministre des Travaux publics, le traitement arriéré qui lui était dû depuis qu'il avait été rayé des listes de la direction des chemins de fer. Pendant la guerre il opéra encore comme agent de M. Pachitch et figura comme principal témoin à charge dans le procès de Salonique. Quand le procès fut terminé — nouvelle preuve de la persistance de ses relations avec le gouvernement radical — celui-ci lui fournit un faux passe-port sous le nom de Danilovitch, le pourvut abondamment d'argent et l'expédia en Amérique (New-York et Chicago). En 1919 nous le voyons revenir en Serbie où il

(1) Parc dans le voisinage de Belgrade.

se trouve encore et où le gouvernement l'aida de nouveau, en lui attribuant des terrains de culture, dans les environs d'Uskub. Quand on traitera du procès de Salonique, de nouveaux détails seront fournis sur cette affaire.

Ce qui est intéressant, c'est que les deux hypothèses selon lesquelles, à en croire l'exposé officiel serbe, l'archiduc François-Ferdinand aurait été assassiné par le colonel Dimitriévitch, sont inexactes. A Konopischt, entre l'empereur d'Allemagne et l'archiduc héritier autrichien aucune attaque préméditée et immédiate contre la Serbie n'a été décidée — si cette idée a été accueillie dans les milieux serbes et russes, l'Etat-Major russe a été la victime d'un agent provocateur ou a joué lui-même le rôle d'agent provocateur à l'égard de l'État-Major serbe. L'Autriche n'a pas songé davantage à faire des manœuvres qui se préparaient la base d'une attaque concertée contre la Serbie. Ces manœuvres n'avaient même pas comme ennemi supposé la Serbie et se déroulaient bien à l'écart de la frontière de la Drina. (Cf. le numéro de juillet de cette revue, page 236, remarque). Les documents militaires que Malobabitch a donnés au colonel Dimitriévitch ne pouvaient se rapporter — en admettant que ce ne fussent pas des faux — qu'à un plan de Conrad de Hötzendorf, datant de la crise d'annexion de 1908.

La deuxième affirmation de l'article de Néna dovitch, importante pour la question de la responsabilité de la guerre, c'est que le prince, régent à cette époque, actuellement Alexandre, roi de Yougoslavie, avait résolu depuis longtemps de se débarrasser du colonel Dragoutine Dimitriévitch. Après l'échec d'une tentative d'assassinat contre le colonel, on procéda, peu de temps après, à son arrestation pour une soi-disant tentative d'attentat contre le prince-régent. L'inculpation suivit de près, puis le jugement, la condamnation et l'exécution.

Voici les passages de l'article qui se rapportent à cette affaire.

« Pour détruire la « Main Noire », le roi, la « Main Blanche » et les radicaux ne reculèrent pas devant l'assassinat de son chef, le colonel Dimitriévitch Apis, Petar Givkovitch, actuellement général et chef de la garde royale, organisa le premier attentat, d'intelligence avec Alexandre Karageorgevitch. L'attentat devait être commis par trois volontaires originaires de l'ancienne Autriche-Hongrie, auxquels le général Petar Givkovitch versa de ses propres mains leur salaire de bourreau qui s'élevait à 20.000 drachmes or. La tentative échoua, parce que l'un des volontaires à gages fit recommander au colonel Dimitriévitch d'éviter, à la date fixée, de se montrer à l'endroit où il remplissait le service de chef d'Etat-Major de la 3e armée. Il existe un document où l'aveu est consigné, avec des indications très précises de l'un des volontaires achetés. »

Voici un autre passage qui touche à la polémique entre le publiciste Seton Watson et le ministre radical Stojan Protitch au sujet du procès de Salonique :

« Comme Scotus Viator (Seton-Watson) lui reprochait les infractions à la loi commises dans le procès contre Apis et la mort d'un innocent, Stojan Protitch lui répondit : « Il existe un document écrit de Dimitriévitch, qui interdit de le gracier. » Ce document n'est autre que la déclaration de Dimitriévitch qu'il avait été l'organisateur de l'attentat de Serajevo. Le document en question contient également les noms des complices de l'attentat. »

Voici enfin un troisième passage :

« La participation du roi Alexandre, de Pachitch et de Ljouba Yovanovitch à la destruction de la « Main Noire » et à l'assassinat juridique d'Apis est certaine. Pour la participation du roi, il existe un document écrit, la lettre du roi au général Petar Givkovitch, par laquelle il réclame à tout prix la condamnation à mort d'Apis. »

Tous ces témoignages, connus également depuis longtemps des initiés, jettent une terrible lumière sur les menées des autorités officielles serbes de cette époque et, au premier rang, du prince-régent. L'on s'explique, dans ces conditions, la déclaration des officiers condamnés au procès de Salonique, que l'organisation « Ujedinjenje ili Smrt » était une organisation politique, dont les autorités compétentes avaient toujours connu les agissements et dont l'activité répondait absolument aux intentions de ces autorités.

Le colonel Dragoutine Dimitriévitch n'a pas succombé uniquement pour effacer des traces de complicité, il devait mourir, parce qu'il était la personnalité la plus éminente de l'histoire contemporaine de la Serbie. S'il était rentré dans sa patrie après une guerre victorieuse, jugé par une histoire impartiale et sereine, il aurait porté ombrage à Pierre le « Grand », à son fils insignifiant, le roi actuel de Yougoslavie, à Pachitch et à toute leur coterie. Il est tombé, parce que, à l'heure de la catastrophe, on a fait peser sur lui toute la responsabilité de l'événement et qu'on en a profité pour se débarrasser définitivement de lui.

IV

Nouveaux détails sur l'attentat de Serajevo par M. Boghitchevitch (1)

(Traduction de l'article de la revue « Kriegsschuldfrage »).

Juillet 1925

La discussion soulevée ces derniers temps, principalement du côté anglais, par la question

(1) Nous attirons l'attention des lecteurs sur le livre bien connu de l'auteur « Die Kriegsursachen » qui vient d'être publié dans une nouvelle édition en langue française sous le titre de « Les causes de la Guerre » chez

de la complicité du gouvernement serbe dans la préparation de l'attentat de Serajevo, a mis au jour tout un faisceau de faits nouveaux et importants d'où l'on peut déduire dès maintenant de graves conclusions sur l'attitude d'alors et sur l'attitude présente des milieux serbes officiels.

Et devant les aspects nouveaux qui se découvraient, on s'est demandé aussi, du côté anglais, avec une franchise très nette, si le gouvernement serbe avait eu connaissance des préparatifs de l'attentat de Serajevo. D'autre part le gouvernement serbe aurait dû répondre immédiatement *par un oui ou par un non.*

Il ne l'a pas fait.

Bien qu'un membre du gouvernement d'alors eût dit nettement qu'on avait été informé de l'attentat projeté plusieurs semaines à l'avance, on n'ose désormais ni renouveler cette affirmation ni la démentir.

Au contraire, on recourt, du côté serbe, aux subterfuges les plus variés et on s'embourbe dans des contradictions de plus en plus grandes.

On répète des accusations, depuis longtemps abandonnées et réfutées par la science historique, contre l'ancienne monarchie austro-hongroise, On en appelle aux causes de la guerre les plus éloignées et on se cramponne à des systèmes de

F. Rieder et Cie, 7, Place Saint-Sulpice, à Paris. Dans la préface Georges Demartial donne des détails intéressants sur la personnalité de l'auteur et sur son activité diplomatique pendant la guerre.

justification dont la vanité a été démontrée depuis longtemps. Il est étonnant de voir les milieux serbes compétents s'obstiner dans une pareille ignorance et abuser, avec une naïveté un peu déconcertante, de la crédulité de l'opinion publique européenne.

Le gouvernement serbe se trouve effectivement dans une position bien difficile. Un démenti faux lui serait facile et ne lui coûterait pas grand chose, ce ne serait ni le premier, ni le dernier. Or s'il disait : j'ai su et j'ai averti, il tranquilliserait par là, jusqu'à un certain point peut-être, l'opinion publique en Angleterre, mais il exposerait en même temps son propre pays aux reproches les plus acerbes et serait accusé de trahison envers la cause serbe. Si, au contraire, il disait ne rien avoir su de l'attentat prémédité, après tout ce qui a été révélé par des recherches et des constatations minutieuses, personne ne le croirait ni à l'intérieur du pays, ni à l'étranger. Au surplus, en adoptant cette attitude, il donnerait un démenti aux déclarations qu'il a faites lui-même à maintes reprises : à savoir qu'il avait tenté plusieurs fois d'avertir Vienne et qu'il s'était efforcé d'empêcher que les auteurs de l'attentat traversent la frontière serbe.

Or ne rien savoir d'un attentat, tout en empêchant ceux qui voulaient le perpétrer d'exécuter leur projet, et avertir le personnage visé par l'attentat, c'est chose tout à fait inintelligible.

On ne saurait stigmatiser assez vigoureusement

tout ce qu'il y a de grotesque dans cette attitude.

Le gouvernement serbe ne pouvait donc, depuis l'attentat, que louvoyer plus ou moins habilement, sans jamais prendre nettement position et faire choix d'une version définitive. Aussi faut-il plaindre les Anglais assez naïfs pour espérer encore obtenir une réponse claire de ce gouvernement. En Serbie on continuera à l'avenir à faire parade de l'intention de publier un livre bleu justificatif, une déclaration officielle et autres choses semblables. Il n'est pas impossible qu'un document paraisse quelque jour, mais ce dont on peut être sûr, c'est qu'il n'apportera sur la question qui importe ni clarté, ni solution. Quant aux déclarations qu'il a faites jusqu'à ce jour, le gouvernement serbe n'a cessé de se contredire. Jusqu'ici on est toujours autorisé à douter du soi-disant avertissement à Vienne. Et cependant là aussi la situation est bien simple. Le gouvernement n'aurait qu'à dire qu'à telle ou telle date, il a envoyé des instructions rédigées de telle ou telle manière à son ministre à Vienne et que le ministre a accompli sa mission de telle ou telle façon. Au contraire, tous ceux qui ont eu à s'occuper, de façon quelconque, de cette affaire se contredisent. Pachitch a déclaré, dans une séance à la Skoupchtina, en juillet 1914, à la demande du député Petchitch, qu'il avait fait parvenir un avertissement à Vienne. L'ancien secrétaire de légation à Vienne, Georges Yossimovitch, a affirmé que, le 18 juin 1914, dans la matinée, était parvenu à la légation serbe à Vienne un télégramme d'avertissement chiffré de Pachitch — Yoza Yovanovitch, alors ministre de Serbie à Vienne, déclare de son côté que, de sa propre initiative — mais il ne peut même pas se rappeler exactement la date — il aurait averti M. de Bilinski, le ministre des finances autrichien, et le professeur Stanoyevitch ose même affirmer que, dans le protocole du ministère impérial et royal autrichien des Affaires Etrangères, cet avertissement aurait été enregistré sous la mention : « communication serbe d'un attentat possible contre l'archiduc héritier » dans le registre B. 28. VI. 1914 (Qu'on veuille bien remarquer la date !)

La chancellerie d'Etat autrichienne des Affaires Etrangères a déclaré récemment de nouveau, après examen approfondi, qu'il ne se trouvait rien nulle part au sujet d'un avertissement de ce genre dans les archives et les protocoles autrichiens. Le comte Berchtold a déclaré de son côté qu'il ne lui était parvenu d'avertissement sous aucune forme. Bilinski n'en souffle mot dans ses mémoires, le baron Rummerskirch, maître des cérémonies de feu l'archiduc héritier, nie de la façon la plus catégorique avoir reçu une communication quelconque sous n'importe quelle forme, à ce sujet, de la part de M. Bilinski. M. Flandrak, l'ancien chef du bureau du ministère des finances, nia tout récemment d'une façon formelle que son chef ait été averti à un moment quelconque par le ministre de Serbie.

Il n'y a même pas accord sur le contenu de l'avertissement que, du côté serbe, on prétend avoir envoyé. Le soi-disant texte indiqué par le ministre Yovanovitch, ne tient pas debout quand on le soumet à un examen critique approfondi et il ne peut même pas être considéré comme un avertissement. Il en est de même de l'indication fournie dans le livre de E. Denis, « La Grande Serbie », à savoir que M. Pachitch aurait essayé d'exposer discrètement au Ballplatz, le danger que courait l'archiduc François-Ferdinand en se rendant en Bosnie, — cette façon de parler ne signifie rien —. On ne peut pas davantage établir, d'après la prétendue inscription dans le protocole du ministère autrichien des Affaires Etrangères, quel était l'auteur de l'avertissement ni quel était le contenu de celui-ci.

Le Ministère de l'Intérieur serbe — Stojan Protitch était alors ministre de l'Intérieur, c'était une personnalité énergique et un ennemi acharné de la Main Noire — aurait donné des ordres aux autorités de la frontière — Ljouba Yovanovitch le dit également dans son livre « Krv Slovenstva » (Le Sang des Slaves) — pour que les auteurs de l'attentat ne puissent franchir la frontière. Mais l'ordre ne fut pas exécuté, parce que, parmi les fonctionnaires de la frontière, plusieurs étaient aussi membres de la Main Noire. Quiconque connaît l'état des choses à la frontière et spécialement à Chabatz ne peut admettre que l'arrivée et le passage de la frontière par des conspirateurs avec leurs bombes et leurs munitions n'aient pu être remarqués.

D'après Ljouba Yovanovitch, le ministre de la guerre aurait aussi donné l'ordre aux autorités militaires de ne pas laisser passer les auteurs de l'attentat ; mais comme je l'ai appris de source militaire absolument digne de foi, cet ordre serait arrivé trop tard. Il serait intéressant de savoir quelle était la portée exacte de cet ordre et à quelle initiative il fut dû. Toutes ces circonstances permettent de supposer que tous ces ordres ont été purement et simplement imaginés ou que l'autorité de l'Etat a été extraordinairement faible et incapable.

Un chapitre important et très compromettant est consacré à l'attitude observée par l'Etat serbe vis-à-vis du fonctionnaire de la direction des chemins de fer Ziganovitch, dont l'extradition avait été réclamée, on le sait, par le gouvernement autrichien. Qu'on veuille bien se représenter la situation : Ziganovitch était un membre de la Main Noire ; c'est lui qui avait introduit les auteurs de l'attentat auprès du colonel Dimitriévitch et du commandant Tankositch, c'est lui qui les avait exercés au tir au pistolet et au lancement des bombes (1), c'est lui, le fait a été révélé plus tard

(1) Les bombes et les explosifs provenaient, comme on le sait, de l'arsenal militaire serbe de Kragoujevatz, la facture pour l'achat des pistolets Browning a été payée par le colonel Dimitriévitch lui-même. Lors d'un dîner à Kragoujevatz, Dimitriévitch a tiré de sa poche et a montré cette

à l'occasion du procès de Salonique, qui était en même temps le confident du gouvernement de Pachitch. Même si le gouvernement serbe n'avait rien appris d'autres sources, à cette époque, sur l'attentat projeté, il aurait dû certainement être informé de ce côté-là de façon certaine. Or qu'à fait le gouvernement serbe en réponse à la demande d'extradition de l'Autriche ? Il a affirmé que cet homme lui était totalement inconnu et qu'il ignorait où il se trouvait. En même temps, cependant, il a donné l'ordre à la direction des chemins de fer de le biffer de ses listes et lui a fourni les moyens de se réfugier à l'intérieur du pays. Le 3 ou le 4 août 1914, comme je me trouvais de passage dans une gare importante du nœud des voies ferrées, le commandant militaire de cette station, le commandant Srb, me dit, devant plusieurs témoins, qu'il venait de faire filer Ziganovitch pour le sud. Ziganovitch continua à rendre au gouvernement serbe de précieux services, comme espion, pendant la guerre mondiale, et lui fut particulièrement utile pendant le procès de Salonique. Aussi le gouvernement serbe continua-t-il à le protéger, et il le protège encore aujourd'hui.

Le résultat le plus important de toutes les recherches, faites jusqu'ici dans le domaine spécial de la question des responsabilités de la

facture, en ma présence et en présence de cinq ou six témoins qui me sont tous connus. Et on l'appela en plaisantant celui qui avait mis le feu aux poudres.

guerre, c'est que l'opinion que j'avais déjà défendue dans le numéro de janvier de cette revue, à savoir que la Russie officielle était au courant du projet d'attentat et qu'elle l'avait approuvé, se trouve confirmée.

Dans le numéro de mai de la revue française « Clarté » N° 74 (1925) page 210, se trouve la déposition d'un colonel serbe, Bozin Simitch, qui faisait partie de l'entourage le plus intime du colonel Dragoutine Dimitriévitch, et qui est digne de toute confiance, au sujet des déclarations antérieurement fournies par deux anciens membres de la « Mlada Bosna ». Ces membres qui étaient exactement renseignés sur toutes les phases de la période de préparation de l'attentat, et dont la bonne foi est également hors de doute, confirment que le colonel Dragoutine Dimitriévitch a mis au courant du projet d'attentat Wasili Artamanov, attaché militaire russe à Belgrade, en lui demandant une approbation qu'il reçut au bout de quelques jours et qui était formulée en ces termes : « Marchez, si l'on vous attaque, vous ne serez pas seuls. » (1).

J'ai appris d'autre part qu'une petite rectification devait être faite en ce qui concerne l'allocation en argent de l'attaché militaire russe. Cette rectification nécessaire serait due à une erreur

(1) La « Fédération Balkanique », revue éditée à Vienne, contient dans son n° 20-21 du 31 mai 1925 de nouveaux détails sur ce point important et différentes nouvelles assertions, émises malheureusement un peu pêle-mêle.

de Victor Serge, auteur de l'article. La voici : L'attaché militaire n'a pas versé, pour des buts de propagande en Autriche, en plusieurs fois, à Dimitriévitch des sommes s'élevant à un total de 8.000 francs. Afin d'éviter des frais, il lui a proposé de mettre à sa disposition, dans un but d'espionnage commun contre l'Autriche — et ceci prouve de nouveau l'intimité de leurs relations — une certaine quantité d'argent russe. Je ne saurais dire avec certitude si la somme s'élevait exactement à 8.000 francs.

Dès maintenant il est aussi hors de doute que Hartwig, le ministre de Russie, était au courant du projet d'attentat. L'intimité de ses relations avec les sphères officielles de la Serbie, oblige à croire qu'il a reçu cette communication soit du Régent, soit de M. Pachitch, soit de l'un et de l'autre. On ne peut raisonnablement supposer qu'Artamanov, l'attaché militaire russe, l'ait laissé dans l'ignorance à cet égard. En admettant même qu'il n'ait pas été informé ainsi, il est certain qu'il a été mis au courant par un officier serbe dont le nom m'est également connu. La question qui n'est point tranchée est de savoir quelles personnalités officielles ou influentes ont été averties à St-Pétersbourg. Mais qu'on ait consulté certaines personnalités compétentes en Russie, le délai dont Artamanov eut besoin pour répondre à la question de Dimitriévitch et la netteté de la réponse le prouvent sans contestation possible. Il est probable que cette affaire a été discutée sans que Sasonow ait été informé (1). On sait aujourd'hui que, dans les sphères diplomatiques russes, des hommes tels qu'Iswolski ont exprimé, immédiatement après l'attentat, la crainte que la guerre mondiale n'éclatât trop tôt pour la Russie. Il est possible aussi que Hartwig, encouragé par des influences secrètes de St-Pétersbourg, ait agi de son propre chef. En faveur de cette supposition, on peut citer le fait que Hartwig, qui souffrait d'une grave maladie cardiaque et qui déjà auparavant avait pris des dispositions pour faire une cure à Nauheim, conscient des suites incalculables du crime commis, ait succombé subitement, ainsi que me l'ont dit des personnes de son entourage immédiat, à la suite de l'émotion qu'il éprouva en rendant visite au ministre d'Autriche à Belgrade.

Des éclaircissements sont encore nécessaires sur ces différents détails.

Au point où les recherches en sont, l'étude de ces événements, si lourds de conséquences terribles, autorise dès maintenant certaines conclu-

(1) D'après une communication personnelle que me fit dernièrement Monsieur Hermann Lutz à Munich, le baron Schelking, ancien diplomate russe, a raconté dans ses mémoires, publiés en anglais sous le titre de « Recollections of a Russian Diplomatic » Macmillan C°, New-York 1918, qu'à l'occasion de la visite du tsar en Roumanie, Sasonow, qui l'accompagnait de sa propre initiative, posa brusquement la question suivante en présence du baron Schelking et d'autres personnes : « Qu'arriverait-il si l'archiduc-héritier était assassiné? ». Et cette scène se passait quinze jours avant l'attentat de Serajevo.

sions et permet d'exiger du gouvernement serbe une réponse catégorique à certaines questions décisives, qui, si on n'y répond pas ou si l'on y répond d'une façon insuffisante, font peser sur le gouvernement serbe la responsabilité du plus grand crime que l'histoire ait jamais connu.

1. Les tentatives qu'a faites jusqu'ici le gouvernement serbe pour se justifier, démontrent d'une façon indubitable qu'il s'est dérobé sciemment aux questions principales qu'on lui a posées et que, par suite, une discussion scientifique avec les milieux officiels serbes est actuellement impossible.

2. Les constatations faites jusqu'à présent ne permettent pas de douter que le prince-héritier, et le gouvernement serbe ont eu connaissance du plan de l'attentat.

3. Les faits acquis démontrent que les sphères officielles russes ont été également mises au courant du plan de l'attentat et qu'elles l'ont approuvé.

4. Jusqu'ici le gouvernement serbe n'a pas démontré de façon satisfaisante qu'il ait averti le gouvernement autrichien de l'attentat projeté.

5. Toutes les allégations présentées jusqu'à ce jour par le gouvernement serbe au sujet d'un soi-disant avertissement sont insuffisantes et ne permettent pas de voir dans l'avis qui aurait été donné un avertissement véritable et formel.

6. Même si le gouvernement serbe avait ignoré la préparation de l'attentat, il ne pouvait plus

arguer de cette ignorance après l'accomplissement du crime, et avant la réception de l'ultimatum autrichien, puisque le ministère de l'Intérieur serbe a demandé immédiatement après l'attentat et avant la réception de l'ultimatum un rapport détaillé au préfet du Département de Chabatz et a reçu les renseignements les plus détaillés.

7. Le gouvernement serbe connaissait parfaitement l'organisation de la société « Ujeddinjenje ili Smrt » (Union ou Mort), dite « Main Noire », dès sa fondation. Il n'a pas démenti jusqu'à présent la déclaration publique et solennelle de cette organisation, adressée au parlement serbe, en date du 28 février 1924, et disant que l'organisation « Ujedinjenje ili Smrt » a été une société patriotique, dont l'action a toujours été connue des autorités au pouvoir, et qui s'accordait à merveille avec les intentions et le programme des autorités.

8. Le gouvernement serbe n'a jamais fait mention dans une communication quelconque des éclaircissements décisifs que le procès de Salonique a apportés sur les événements qui ont amené l'assassinat de l'archiduc héritier. Et il n'a pas encore publié les pièces décisives écrites à ce point de vue par le colonel Dragoutine Dimitriévitch qui fut condamné à mort et exécuté.

9. Pourquoi Artamanov, l'ancien attaché militaire russe, qui se trouve encore à Belgrade actuellement, reste-t-il muet sur ce point et

pourquoi le gouvernement serbe ne s'explique-t-il pas sur des affirmations qui nous paraissent d'une si haute importance ?

10. Pourquoi le gouvernement serbe ne prend-il pas connaissance du protocole de l'ancien ministère des Affaires Etrangères impérial et royal pour établir la date, l'auteur et le contenu de l'avertissement adressé au gouvernement autrichien et ne fait-il pas photographier le protocole en question ainsi que les pièces à l'appui ? D'après la convention sur les archives entre la république autrichienne et le royaume S. H. S. publiée dans le journal officiel de la république autrichienne N° 602, le 5 décembre 1923, le gouvernement Yougoslave actuel a le droit de prendre connaissance en tout temps des documents, des archives à titre officiel.

11. Pourquoi le gouvernement serbe n'a-t-il pas réfuté les conclusions si compromettantes pour le gouvernement serbe, de mon livre « Les Causes de la Guerre », et n'a-t-il pas contesté l'authenticité et la valeur des documents si accablants qu'il contient ?

Le gouvernement serbe n'a pas eu d'autre tactique qu'un silence obstiné et s'est efforcé de faire échouer tous les essais de discussion tentés du côté anglais.

VIII

Nouvelles révélations
concernant l'attentat de Serajevo
par M. Boghitchévitch
Article publié dans la revue « Evolution »
du 15 janvier 1926.

La revue yougoslave « Nova Evropa » (Nouvelle Europe) traite depuis un certain temps seulement la question des responsabilités de la guerre de 1914 ayant trait à la Serbie. — Dans son numéro du 21 octobre 1925, volume XII N° 12, elle publie en serbe un chapitre du livre qui doit prochainement paraître en anglais intitulé « Serajevo » et signé du publiciste anglais bien connu Seton-Watson (Scotus-Viator) (1).

Ce chapitre intitulé le mouvement révolutionnaire yougoslave, nous donne des détails importants concernant le mouvement lui-même et les instigateurs, mais certaines inexactitudes de principe réclament une réfutation immédiate.

Deux jeunes gens, un de la Herzégovine et l'autre de la Croatie, qui ont participé activement à tous les actes terroristes des révolutionnaires de la Serbie et des provinces slaves appartenant alors

(1) Cette revue a déjà publié toute la table des matières du livre de Seton-Watson ainsi que différents chapitres en traduction serbe.

à l'Autriche, m'ont fait après lecture de cet article des dépositions qui démentent catégoriquement certaines assertions de Seton-Watson.

La population de la Bosnie et de l'Herzégovine supporta toujours avec peine l'administration étrangère quelle qu'elle fût, turque ou autrichienne. Aussi, les agents de séditions et les auteurs d'assassinats politiques ne manquèrent jamais en ces provinces. Comme je l'expose en détail, plus loin, les révolutionnaires nationalistes serbes utilisèrent cet élément révolutionnaire né du mécontentement.

Seton-Watson explique longuement le développement du mouvement révolutionnaire bosniaque et herzégovinien, mais il n'indique pas, ce qui est pourtant très important, la connexité qui existe entre l'action de ces bosniaques, révolutionnaires par mécontentement de l'administration étrangère, et l'action des serbes du royaume, révolutionnaires par nationalisme.

L'idée de la réunion de tous les serbes quels que soient l'état auquel ils ressortissent, leur religion ou leur parti politique, revient au *Prince Michel Obrenovitch*, assassiné par des partisans des Karageorgevitch en 1868. Son vœu suprême (1), fut que tous les serbes travaillent systématiquement à l'union nationale sous la direction de la Serbie, alors principauté. Tous les partis politiques

(1) Zavestajna misao Kneza Michaila (dernière volonté du prince Michel).

en Serbie ont pris comme mot d'ordre ce désir patriotique.

Seton-Watson fait donc erreur quand il prétend que le parti radical n'était pas favorable au mouvement nationaliste. Ce mouvement ne fut pas seulement appuyé par les particuliers sans distinction de parti, mais aussi par les administrations centrales d'état tel que le ministère de la guerre, le ministère des cultes et surtout par le département de propagande du ministère des affaires étrangères. Autrement dit, tous les Serbes sans exception unirent leurs efforts pour atteindre le but fixé par le prince Michel. Le gouvernement serbe accorda non seulement son appui moral, mais aussi les subsides nécessaires à toute propagande.

C'est en 1903, lors du changement de dynastie en Serbie, que ce mouvement prit une plus grande extension et que la propagande anti-autrichienne devint très intense, même dans les milieux officiels serbes (1).

Dès 1903 *les conjurés, officiers serbes, qui par l'assassinat du roi Alexandre mirent sur le trône Pierre Karageorgevitch, inaugurèrent une action terroriste de propagande, créèrent des bandes de komitadjis, destinées particulièrement à l'action révolutionnaire en Macédoine, fondèrent des écoles à Prokuplie, Vranja et Tjuprija. Les élèves de ces écoles se recrutaient principalement parmi les jeu-*

(1) Voir Boghitchévitch « Les Causes de la guerre », F. Rieder et Cie, édit. 1925, pages 30, 130, etc.

nes gens de la Bosnie et de l'Herzégovine. Ces jeunes gens étaient préparés militairement et moralement par les officiers conspirateurs eux-mêmes à une action révolutionnaire nationaliste.

Parmi les sociétés de propagande, relatives à la culture nationale intellectuelle il faut citer la société du Saint-Sava, le Slovenski Jug (Sud Slave) qui dura jusqu'en 1908, puis la Narodna Odbrana (Défense Nationale) à partir de 1909 à 1914. Toutes ces sociétés furent subventionnées par l'Etat.

Mais la plus influente de toutes ces sociétés fut la société secrète « *Ujedinjenje ili smrt* » (Union ou Mort) dite « Main Noire », fondée en 1911 par les officiers conspirateurs dont nous avons parlé plus haut et qui furent incontestablement depuis 1903 les chefs du mouvement révolutionnaire et les instigateurs de tous les attentats, commis en Turquie, au Monténégro et en Autriche; leurs actions révolutionnaires étaient souvent appuyées par le gouvernement serbe. *A la tête de ces officiers se trouvait le colonel Dragoutine Dimitriévitch, surnommé Apis,* fusillé à la suite du procès de Salonique en juin 1917.

Seton-Watson ne parle pas de l'action de ces officiers serbes, faisant œuvre de révolutionnaires. Ils sont pourtant les maîtres des bosniaques et herzégoviniens dont il relate les actes terroristes.

Le mouvement nationaliste suivit son cours normal de 1904-1907, mais l'annexion de la Bosnie-Herzégovine par l'Autriche excita le zèle des révolutionnaires yougoslaves. Des foyers nationalistes se créèrent dans différents centres universitaires de la monarchie austro-hongroise. De nombreuses sociétés qui eurent leurs journaux, leurs revues, se constituèrent. Prague fut l'un des foyers où quantité d'étudiants yougoslaves venaient chercher un appui théorique auprès du professeur Masaryk, un des premiers défenseurs scientifiques de leur cause. Sa thèse principale était qu'on ne commet une trahison qu'envers son propre peuple. De cette façon un tchèque par exemple ne devait de comptes qu'au peuple tchèque.

Cette action n'était pas parallèle à celle de Belgrade, mais bien la continuation de celle-ci. Seton-Watson fait l'historique de ces sociétés d'étudiants, il cite leurs noms, leurs journaux, leurs revues, mais il n'indique pas le rapport qui existait toujours entre Belgrade et ces différents foyers nationalistes en Autriche.

Seton-Watson traite cette question unilatéralement et, parce qu'il la traite ainsi, il arrive à la conclusion erronée que tous les actes terroristes commis en Autriche de 1910 à 1914 furent exclusivement ourdis par des Bosniaques et Herzégoviniens, disciples, d'après lui, des révolutionnaires russes.

Les révolutionnaires de Bosnie et d'Herzégovine n'ignoraient évidemment pas les actes terroristes des anarchistes russes. Ils lisaient les œuvres de Bakounine, Herzen, Kropotkine, etc. Mais il est à noter que la « Narodna Odbrana », dont le siège était à Belgrade, leur fournissait souvent la plupart de ces livres, car les Serbes se servaient de l'histoire des actes des anarchistes russes pour développer l'idée révolutionnaire de ces Bosniaques et Herzégoviniens. Ensuite, il s'agissait en Russie d'une question purement sociale, tandis qu'en Bosnie on se trouve devant un mouvement purement nationaliste. Ils cherchaient donc dans les ouvrages russes le côté pratique et non les idées. Si les assertions de Seton-Watson étaient exactes, comment pourrait-on expliquer que tous les Bosniaques et Herzégoviniens, auteurs d'attentats, ont commis leurs actes après un long séjour dans les milieux révolutionnaires nationalistes en Serbie, et spécialement à Belgrade, car, on ne peut le nier, tous ces jeunes gens ont été instruits théoriquement et pratiquement en Serbie où ils ont trouvé toutes les armes dont ils ont eu besoin. Prenons quelques exemples : Géraitch, considéré par Seton-Watson comme un des principaux instigateurs du mouvement révolutionnaire prétendu bosniaque, s'exerça au tir au revolver à Vranja sous la direction d'un des membres de l'organisation « Union ou Mort » Bogine Simitch, officier serbe, peu de temps avant son agression contre le gouverneur de Bosnie, Varéchanine, le 2 juin 1910. Youkitch, auteur de l'attentat contre le banus (gouverneur) de la Croatie, s'exerça au tir au revolver sous la direction du commandant Voya Tankositch, en 1912, à l'occasion de la visite des étudiants croates à Belgrade. Presque tous les auteurs des autres attentats, y compris celui dirigé contre l'archiduc François-Ferdinand et son épouse, furent également préparés à Belgrade par des membres d'origine serbe, de l'organisation « Union ou Mort ». La plupart de ces jeunes gens bosniaques auteurs d'attentats étaient aussi membres de cette union et, par conséquent, obligés d'obéir aveuglément au comité central de Belgrade.

L'acte révolutionnaire de Géraitch a été glorifié par un autre Bosniaque, Gatchinovitch, et nous reconnaissons avec Seton-Watson que cette glorification influença grandement toute la jeunesse bosniaque. Mais, là encore, il omet de dire que Gatchinovitch était aussi membre de l' « Union ou Mort » et que sa brochure « La mort d'un héros » a été éditée à l'imprimerie du journal *Piémont*, journal de cette organisation et qu'en qualité de membre de cette organisation, il reçut de Belgrade l'ordre de distribuer, dans un but de propagande, sa brochure dans les écoles de Bosnie et de l'Herzégovine. Lors de l'occupation de Belgrade par les austro-allemands, en 1915, on a trouvé des milliers d'exemplaires de cette brochure chez l'agitateur serbe bien connu, Milé Pavlovitch ainsi qu'une vaste correspondance ayant rapport à la propagande révolutionnaire dans les provinces de l'empire dualiste où l'élément slave dominait. Gatchinovitch possédait, incontestablement au plus haut degré, comme Seton-Watson l'affirme, les qualités d'un grand agitateur et il eut une grande influence, non seulement sur la jeunesse, mais aussi sur toutes les classes de la société. Cette influence lui permit d'enrôler le plus de gens possible, ce qui lui était ordonné, mais il faut, si l'on veut être impartial, remarquer qu'il était, comme nous l'avons déjà dit plus haut, membre de l' « Union ou Mort » et qu'en cette qualité il n'était que l'humble exécuteur des ordres du comité central de Belgrade. La formule du serment des nouvelles recrues de la Bosnie et de l'Herzégovine n'était pas celle d'un quelconque comité bosniaque, mais la formule de l'organisation « Union ou Mort ». Les révolutionnaires et les cercles révolutionnaires des provinces slaves de la monarchie étaient sous les ordres directs du comité central de Belgrade. *Ainsi les Bosniaques et les Herzégoviniens n'étaient pas des révolutionnaires indépendants, mais des subalternes des révolutionnaires nationalistes serbes.* Gatchinovitch était aidé pécuniairement non seulement par « Union ou Mort » mais aussi par la Narodna Odbrana, dont il était également membre et même par le département de propagande du ministère des Affaires Etrangères qui lui accorda une bourse pour étudier à Lausanne (1).

(1) Le département de propagande du Ministère des Affaires Etrangères donna des bourses aussi à d'autres jeunes gens de nationalité slave, mais sujets autrichiens, pour étudier en Autriche, en Serbie et à l'étranger. Nos deux témoins Bastaitch et Goloubitch par exemple, étaient de même boursiers du dit Ministère. On peut se demander

L'exposé de ces faits démontre clairement que la tête du mouvement ne se trouvait pas en Bosnie-Herzégovine, mais à Belgrade.

C'est une vaine tentative de vouloir, pour des raisons politiques et patriotiques, embrouiller une question suffisamment élucidée, grâce à des documents diplomatiques et à d'autres arguments incontestables. Celui qui, pour des raisons quelconques, s'écarte de la vérité, dont nul, soit dit en passant, ne peut enrayer la marche, ne contribuera pas à décharger, mais au contraire à charger davantage le gouvernement serbe.

La terrible catastrophe qui, en 1914, accabla le monde entier et qui compte parmi ses causes plus ou moins lointaines aussi le mouvement révolutionnaire nationaliste serbe, donne droit à chaque être pensant, le droit moral, de dire toute la vérité sur les responsabilités de la guerre de 1914.

A l'appui de notre argumentation je joins les dépositions des deux révolutionnaires cités plus haut qui ont particulièrement participé aux préparatifs de l'attentat contre l'archiduc François-Ferdinand.

comment le gouvernement serbe, ayant dû sûrement avoir connaissance de leurs plans révolutionnaires, put décemment leur accorder des bourses? Quiconque connaît les dessous de l'action révolutionnaire yougoslave, ne doit-il pas admettre qu'ils recevaient des bourses du gouvernement serbe à cause de leurs sentiments révolutionnaires et nationalistes?

1. Moustapha Goloubitch, né à Stolatz en Herzégovine, actuellement domicilié à Vienne.

2. Paul Bastaitch également domicilié à Vienne.

Ces deux dépositions peuvent être, cela va sans dire, appuyées par d'autres dépositions et d'autres preuves.

1. La rencontre de Toulouse a eu lieu, non pas, comme Seton-Watson le prétend, à la mi-janvier 1913 *mais à la mi-janvier* 1914 (nouveau style).

2. Etaient présents Moustapha Goloubitch, Mohamed Mechmedbachitch et Vladimir Gatchinovitch. Nulle autre personne n'assista à cet entretien.

3. La réunion a eu lieu à Toulouse dans la rue St-Gérôme, à l'hôtel-restaurant St-Gérôme.

4. *L'idée de cette entrevue est due au commandant Voya Tankositch à Belgrade, d'accord, sans nul doute avec le colonel Dimitriévitch.*

5. Moustapha Goloubitch avait reçu l'ordre de se rendre à Lausanne pour s'entendre au sujet de cette rencontre avec Gatchinovitch.

6. Paul Bastaitch et Jean Givanovitch qui avaient connaissance du conciliabule projeté furent aussi désignés pour y assister, mais, étudiant à Paris, ils ne purent faute d'argent se rendre à Toulouse.

7. L'objet de ce conciliabule était *en premier lieu de préparer un attentat contre l'archiduc François-Ferdinand,* puis d'autres attentats en différents endroits de la monarchie austro-hongroise, même à Vienne contre des personnalités

importantes civiles et militaires. On comptait par là *soulever l'élément slave en Autriche-Hongrie et même provoquer la conflagration générale européenne.*

8. *L'exécution de ce plan fut décidée.*

9. A la suite de ce conciliabule Gatchinovitch écrivit une lettre à Gavrilo Princip domicilié à Serajevo dans laquelle il l'exhortait à venir à Lausanne avec Danilo Ilitch pour fixer les détails de ces attentats.

10. Fin janvier, Mohamed Mechmedbachitch rentra de Toulouse à Stolatz en Herzégovine et, quelques jours après son retour, il alla se mettre à la disposition de Danilo Ilitch à Serajevo pour assassiner immédiatement le gouverneur de la Bosnie, le général Potiorek si c'était nécessaire, si non, pour se mettre à sa disposition pour d'autres attentats. Ilitch déclara tout de suite qu'il était inutile pour le moment d'assassiner Potiorek *car il était aussi décidé à assassiner d'abord l'archiduc, ce qui était beaucoup plus important* (1).

11. Dès qu'Ilitch et Princip reçurent la lettre de Gatchinovitch les invitant à venir à Lausanne, *Princip partit pour Belgrade* afin de demander

(1) Cette constatation démontre que le plan de cet assassinat était déjà fixé avant qu'on sût que l'archiduc viendrait en Bosnie pour assister aux manœuvres, de sorte que la nouvelle de Tchabrinovitch envoyée à Pouchara à Belgrade, et communiquée à Princip par ce dernier, que l'archiduc assisterait aux manœuvres n'était pas le motif, comme Seton-Watson le prétend, mais seulement une bonne occasion pour mettre en exécution leur projet.

l'autorisation d'entreprendre ce voyage, mais *Tankositch*, l'instrument exécuteur des ordres de Dimitriévitch, *lui fit savoir que ce voyage n'était plus nécessaire vu qu'on avait, à Belgrade aussi, décidé d'assassiner l'archiduc*, et pour cette raison Princip fut retenu à Belgrade où il est resté jusqu'à la fin du mois de mai, où Ciganovitch et Tankositch l'exercèrent au tir au pistolet Browning, calibre 9 millimètres. Tous les pistolets pour l'attentat de Serajevo furent achetés par Dimitriévitch lui-même.

12. Ilitch et Princip avertirent Gatchinovitch se trouvant à Lausanne, qu'ils n'avaient plus besoin de le rejoindre en cette ville, car tous les préparatifs pour l'assassinat de l'archiduc étaient déjà faits à Belgrade et à Serajevo.

13. Peu de jours avant l'attentat, Danilo Ilitch est allé à Belgrade pour recevoir les dernières instructions et cette fois-ci — détail important à noter — Dimitriévitch lui-même les lui donna. En prenant congé du colonel, Ilitch déclara qu'il était sûr d'y laisser sa vie et le pria instamment de protéger sa mère.

14. Seton-Watson a raison de dire qu'Ilitch fut le principal organisateur des préparatifs qui se faisaient à Serajevo dans le but d'assassiner l'archiduc (tandis que Princip n'était qu'un organe exécuteur). Mais, encore une fois, il omet de noter qu'Ilitch exécutait les ordres de Dimitriévitch, principal instigateur de l'attentat.

15. Seton-Watson semble accepter la version

qu'Ilitch aurait eu, au dernier moment, des hésitations quant à l'exécution de l'attentat. Cependant cette version est inexacte, car Ilitch, Princip et Mechmedbachitch ont envoyé, quatre jours avant l'attentat, une carte postale à Gatchinovitch à Lausanne ainsi rédigée : « Salut révolutionnaire ». Puis, ils lui ont envoyé une lettre de quatre pages dans laquelle ils s'expriment en termes enthousiastes au sujet de l'exécution toute prochaine de leur plan, qui devait être exécuté le samedi suivant, pendant les manœuvres. Comme on le sait, l'attentat n'a pas eu lieu le samedi, mais le lendemain dimanche, le 28 juin à Serajevo. En même temps, ils s'expriment dans cette lettre en termes très défavorables sur un camarade — dont le nom nous est également connu, mais que nous ne voulons pas encore citer — parce qu'il a refusé au dernier moment de participer à l'attentat. Nous avons des raisons de soupçonner ce jeune homme d'avoir, pour différents motifs, fourni des renseignements erronés à Seton-Watson.

La Société Serbe « Union ou Mort »
dite la « Main Noire »

Par M. Boghitchévitch

Article publié dans la revue « Evolution »
du 15 juillet 1926

I

Dès sa création en Serbie, qui eut lieu en 1911, l'organisation « *Union ou Mort* » compta un grand nombre de membres résidant non seulement en Serbie mais aussi à l'étranger : Turquie et Autriche-Hongrie. Son but était comme celui des autres organisations de propagande nationale en Serbie, la *Narodna Odbrana* (Défense nationale) et le *Slovenski Jug* (Sud slave), la réunion de tous les Serbes sous la domination du royaume de Serbie, considérée comme le Piémont d'une « Grande Serbie ».

Cette organisation fut créée parce que la *Narodna Odbrana* ne travaillait pas assez énergiquement à la réalisation de cet idéal national. Son influence fut, dès le commencement, très grande sur le corps d'officiers, sur la jeunesse des écoles, et surtout sur une partie de la population slave en Autriche, parce qu'elle avait à sa tête l'élite du corps d'officiers serbes, élite qui prépara la victoire dans les deux guerres balkaniques de 1912-1913.

Ce qui rendit surtout ces officiers si populaires

ce fut que, rigoureusement intègres, ils s'opposèrent de tout temps au système de corruption et de protection établi dans certains milieux politiques en Serbie (1) et ils s'opposèrent particulièrement au choix de fonctionnaires corrompus et médiocres sous tous les rapports, pour les provinces nouvellement acquises de la Macédoine et de la Vieille Serbie (2).

Mais une personnalité avant tout a eu, par ses remarquables qualités personnelles, une influence prépondérante sur tous les jeunes éléments nationalistes militaires et universitaires de la Serbie, et, ce qui mérite d'être retenu, sur les éléments nationalistes serbes en Turquie, et surtout sur ceux des provinces slaves du sud de la monarchie autrichienne. C'était le colonel Dragoutine Dimitriévitch, chef du bureau d'informations de l'état-major et principal instigateur de l'assassinat de l'archiduc François-Ferdinand. Il sut réunir tous les éléments nationalistes serbes en Serbie et en Autriche et leur suggérer l'idée de la nécessité d'intensifier le mouvement national par une action terroriste dans tous les territoires serbes se trouvant sous une administration étrangère.

Un coup d'œil sur la liste des membres de cette organisation, dont le nombre était beaucoup plus grand que celui que le gouvernement serbe a pu-

(1) Etabli surtout par le parti radical avec M. Pachitch à sa tête.

(2) Cette opposition provoqua un conflit entre le ministre de l'Intérieur, Protitch, et le corps d'officiers.

blié à l'occasion du procès de Salonique en 1917, démontre l'influence et l'importance que cette organisation a dû avoir sur la vie sociale et politique en Serbie. La liste, en effet, se compose d'un grand nombre d'officiers supérieurs remplissant des fonctions militaires bien importantes, de fonctionnaires supérieurs de différentes administrations d'Etat, de fonctionnaires du Ministère des Affaires étrangères et de fonctionnaires des missions diplomatiques (1). Ceci prouve suffisamment et surtout quand on prend en considération qu'il s'agissait d'un Etat relativement petit, de quatre millions d'habitants, qu'on avait affaire à un mouvement national, appuyé par la majorité de la nation, et qui, par conséquent, devait être aussi appuyé par le gouvernement lui-même.

On sait aujourd'hui que le prince héritier, le roi actuel de la Yougo-Slavie, a aidé à fonder le journal de cette organisation, le *Piémont*, en versant vingt-six mille dinars. On sait également que des membres de l'organisation étaient apparentés, ou intimement liés avec des ministres en fonctions. Ces ministres étaient, par conséquent, bien au courant de l'existence de cette organisation dès sa fondation, et ils avaient même introduit par fraude des agents dans l'organisation afin d'être informés d'avance de ses préparatifs et de ses actes (2).

Le ministre des Affaires Etrangères, feu Milo-

(1) Voir l'extrait de la liste des membres, page 50.
(2) Par exemple Ciganovitch.

vanovitch, entretenait, dès 1911, des relations assidues avec le colonel Dimitriévitch :

« Mettez, jeune ami, lui dit-il un jour, votre « Main Noire » à ma disposition, et vous verrez ce que Milovanovitch fera en peu de temps pour la nation serbe. »

Et il avait effectivement, selon les propres dires de Dimitriévitch (1), mis à sa disposition des sommes importantes, justement pour la propagande contre l'Autriche-Hongrie. Le colonel était aussi intimement lié avec le chef d'état-major, le voïvode R. Poutnik.

L'amitié étroite de Dimitriévitch et de l'attaché militaire russe à Belgrade, le colonel Artamanov (2), les paroles prononcées par le Ministre de Russie à Belgrade, M. Hartwig, en présence de journalistes russes en 1913 : « l'organisation *Union ou Mort* est la seule organisation en Serbie capable de réaliser l'idéal national serbe » (3) et enfin la déclaration faite le 28 février 1924 par les camarades du feu colonel Dimitriévitch, condamnés également en 1917 à Salonique : « L'organisation *Union ou Mort* était une organisation patriotique dont l'action était bien connue par

(1) Je tiens ces renseignements de Dimitriévitch lui-même.

(2) Voir les dépositions du colonel Bozine Simitch dans *Clarté*, N° 74; mai 1925.

(3) Quant à l'antagonisme entre le gouvernement Pachitch et « Union ou Mort », en mai 1914, M. Hartwig lui-même intervint auprès du roi Pierre en faveur de M. Pachitch, qui était pour le gouvernement russe, indispensable comme ministre des affaires étrangères.

les autorités compétentes, action qui concordait avec les intentions de ces autorités » (1) — tout cela nous oblige à constater qu'il s'agissait, pour le gouvernement serbe aussi bien que pour Dimitriévitch et son organisation, d'un seul et même but : création de la Grande Serbie, but qui ne pouvait être réalisé que par une guerre avec l'Autriche-Hongrie.

Avec un tel état d'esprit, il est clair qu'en cas de guerre avec l'Autriche, et quel que soit le prétexte même de la guerre, la Serbie devait être considérée en tous les cas comme l'agresseur.

Les démentis les plus catégoriques du gouvernement serbe n'y peuvent rien changer. Il est même grotesque de la part du gouvernement serbe de vouloir nier avoir eu connaissance du plan et des préparatifs de l'assassinat de l'archiduc François-Ferdinand, et ridicule de vouloir rejeter toute la responsabilité de ce crime uniquement sur l'organisation *Union ou Mort*, ou encore mieux sur deux des membres du comité central de cette organisation, le colonel Dimitriévitch et le commandant Tankositch (2).

Les statuts de cette organisation, que nous reproduisons ci-après, ont été publiés à l'occasion du procès de Salonique par le gouvernement

(1) Voir *Kriegsschuldfrage*, vol. II, page 112. Nous savons maintenant très exactement de quelles autorités il s'agissait.

(2) Comme le professeur Stanoyëvitch le fait dans sa brochure *L'Assassinat de l'archiduc héritier François-Ferdinand*.

serbe, mais il a eu soin, vu sa situation politique et militaire si précaire en ce temps-là, pour s'assurer une position plus favorable en cas de paix séparée avec l'Autriche, et aussi pour cacher la vérité à ses alliés, vérité qui leur aurait ouvert les yeux quant aux vraies responsabilités de la guerre, de biffer minutieusement tous les passages des statuts de l'organisation, se rapportant à la propagande et à l'action terroriste à l'étranger. Et pourtant, ces passages biffés sont de la plus haute importance, car ils démontrent, en connexité avec les autres textes des statuts, que toute l'action de l'organisation *Union ou Mort* était dirigée contre l'existence et le statu quo de certains Etats voisins, dont la population était en partie de nationalité serbe, afin de révolutionner et enfin d'acquérir les territoires.

Il faut connaître la mentalité balkanique pour pouvoir comprendre l'histoire des mouvements de ces pays. Car si on observe ces actions uniquement au point de vue juridique et avec une mentalité occidentale, on ne parviendra jamais à démêler les causes et les conséquences des actions et des intrigues ourdies dans les Balkans. On y trouve un manque de logique, un manque de bonne foi, des incohérences morales et juridiques, des crimes commis pour de belles causes, du mysticisme et des rechutes dans le Moyen-Age. Ces hommes sont dans ces pays, en même temps des héros, des enfants et des criminels de bonne foi, qui ont rendu possible, par leurs efforts, la réalisation de l'idéal national, mais qui ont en même temps fait bien du tort à d'autres pays et à l'humanité toute entière.

Il est compréhensible que les procédés balkaniques doivent être, au point de vue de la mentalité occidentale, désapprouvés, mais il est incompréhensible et odieux que les milieux gouvernementaux serbes, qui ont la même mentalité et étaient prêts à agir de la même façon que les membres de l'organisation *Union ou Mort*, nient leur complicité et n'osent pas avouer tout ce que ces hommes ont fait pour la réalisation de l'idéal national.

Il est extraordinaire que le gouvernement autrichien de 1914, qui a été si justement détesté à cause de son système de mouchards et d'espionnage, n'ait pas eu connaissance de l'existence de *Union ou Mort*, de l'influence et de l'action de cette organisation. Si le fameux ultimatum autrichien de 1914 avait commencé par les mots : « Il existe en Serbie une société qui s'appelle *Union ou Mort*, et qui a comme but la destruction de la monarchie austro-hongroise, et dont les membres sont de hauts fonctionnaires militaires et civils serbes, et à qui le gouvernement et même la couronne prêtent un appui moral et matériel », je doute fort que le gouvernement serbe aurait trouvé l'appui que l'Entente lui a prêté en 1914. Même les plus grands amis de la Serbie — je cite les paroles de M. Poincaré adressées à l'ambassadeur d'Autriche-Hongrie à Saint-Pétersbourg :

« la Serbie a de grands amis » — auraient désapprouvé ces procédés, à moins qu'ils n'aient été dans la confidence, complices ou auteurs de la préparation de la guerre (1).

(1) Le lecteur trouvera les statuts et la liste des membres de l'organisation « Union ou Mort », qui formaient la deuxième partie de l'article paru dans « Evolution » du 15 juillet 1926, au quatrième chapitre de ce livre. Voir pages 41-59.

IX

Stratégie d'influences secrètes

(Traduction d'un article du journal de Vienne « Tribunal » N° 107/1926.)

La joie fut immense sur les vastes territoires des puissances centrales, de la Bulgarie et de la Turquie, lorsque pendant l'arrière automne de 1915, le maréchal de Mackensen termina son rapport sur les grands succès des armées des puissances centrales en Serbie en ces termes : « Je déclare que la route de Constantinople est ouverte! ». La campagne était terminée et le but de guerre était atteint.

Or, à cette époque, lorsque ce cri de victoire éclata dans tout le pays, qui aurait pu ne pas s'associer à cette joie générale? Cependant il existait un homme qui certainement n'était pas complètement satisfait de cette victoire, mais cet homme était bien trop modeste pour donner libre cours à son déplaisir. Il est vrai qu'il était, comme à Gorlitz, satisfait que cette action militaire fût terminée. Cet homme était le maréchal Conrad de Hoetzendorf, chef d'état-major de l'armée austro-hongroise. Quant à savoir s'il se fût tu s'il avait connu les influences secrètes qui

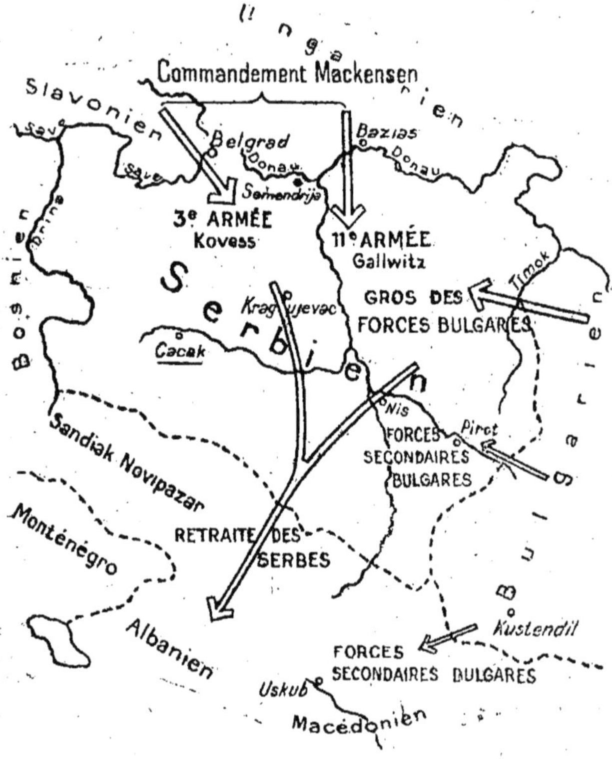

Croquis: Carte des opérations militaires.

contrecarrèrent ses desseins, c'est une question qui ne sera jamais résolue.

Déjà à l'époque où, à Teschen-Pless, fut décidée la campagne contre la Serbie pour soulager la Turquie qui se trouvait dans une situation extrêmement difficile et qui manquait de tout, il y eut entre les conceptions des états-majors allemand et austro-hongrois au sujet de l'emploi des forces militaires bulgares de graves divergences.

Le maréchal Conrad de Hoetzendorf qui ne perdait jamais de vue le but principal, la victoire finale sur les alliés, cédait toujours quand des questions d'amour-propre et d'égoïsme surgissaient. C'est pourquoi il accepta la condition posée par les Allemands, à savoir que leur fut cédé le commandement en chef et il ne se soucia pas le moins du monde d'un partage préalable du butin qu'on ferait en cas de victoire. On tomba vite d'accord sur les forces militaires austro-hongroises et sur leur activité dans la région nord-sud au delà du Danube et de la Save. Mais Conrad s'opposa avec raison au plan allemand quant à l'emploi des forces bulgares.

Le maréchal Conrad de Hoetzendorf, convaincu que les forces militaires allemandes et austro-hongroises, placées sous les ordres du maréchal Mackensen suffiraient à elles seules pour effectuer le passage du Danube et de la Save et pour venir à bout des Serbes, voulait que le gros des forces bulgares fût employé le plus au sud possible. Il voulait par une avance rapide de toutes les forces bulgares en Macédoine, de la région de Kuestendil par Uskub, couper la retraite de l'armée serbe, tandis que les Allemands ne voulaient engager dans cette région que des forces secondaires.

Le maréchal Conrad avait raison de croire que les forces austro-allemandes, commandées par le maréchal Mackensen, étaient largement suffisantes, car à l'époque ou l'on prépara l'offensive contre la Serbie, la coopération des Bulgares n'étant pas encore certaine, les Allemands devaient avoir des forces suffisantes pour être certains du succès. Si les Bulgares prenaient part à l'action, c'était donc un renfort bien venu, qui selon l'opinion du maréchal Conrad devait être employé à enlever aux Serbes toute possibilité d'échapper.

Or, chose incompréhensible, les Allemands exigèrent strictement, et contrairement aux plans du maréchal Conrad, la concentration du gros des forces bulgares près du Danube le plus au nord possible. Le chef d'état-major allemand, le général Falkenhayn, motiva cette mesure en disant que les Bulgares devaient, en effectuant une avance vers l'Ouest, faciliter le passage du Danube par l'armée Mackensen.

Non seulement il est à remarquer que, dans le cas où les Bulgares prenaient part à l'offensive, la date de leur attaque était fixée seulement après le passage du Danube par les troupes allemandes, mais que, des forces si importantes ne pouvaient être employées dans un terrain aussi montagneux.

C'est en vain que le maréchal fit observer que cet emploi des forces bulgares n'était qu'un coup de poing dans le vide, dont l'unique conséquence serait que l'aile gauche de la onzième armée allemande de Gallwitz se heurterait au gros de l'armée bulgare et que toutes deux seraient arrêtées dans leur avance. Les événements démontrèrent l'exactitude des objections faites par le maréchal. L'état-major allemand maintint ses décisions avec persistance. Conrad dut céder.

Quelles étaient donc les raisons de cet incompréhensible entêtement dans un plan qui était contre le bon sens? Etait-ce incapacité ou incompréhension? Certes non, car personne ne peut accuser les Allemands de tels défauts. Etait-ce scrupules exagérés au sujet de la réussite du passage du Danube? Non plus, car le général Falkenhayn était au courant des faits cités ci-dessus aussi bien que le maréchal Conrad. Il y avait certainement des forces secrètes qui agissaient. Il y avait peut-être intérêt à ne pas attaquer l'armée et le gouvernement serbe aussi énergiquement que le voulait le maréchal Conrad de Hoetzendorf.

Un hasard devait dévoiler ces influences secrètes.

Déjà en septembre 1915, alors qu'on formait à Témesvar le commandement supérieur du groupe d'armée de Mackensen, il était venu à l'état-major un prince allemand, le duc Jean-Albert de Mecklembourg qui, sans avoir de mission ou de fonctions précises, était considéré par la plupart des officiers allemands et austro-hongrois comme un flâneur des champs de bataille. Peu à peu on s'accoutuma à la présence de son altesse royale et il ne vint à l'idée de personne que ce monsieur pourrait être chargé d'une mission quelconque. Son altesse s'intéressait uniquement au vol d'un Zeppelin de Témesvar à Sophia, vol auquel son frère cadet avait pris part dans un but de propagande chez les Bulgares.

Un jour, au moment où les troupes austro-allemandes allaient atteindre la hauteur de Kragouyévatz — le désordre battait son plein dans la onzième armée et dans le gros des forces bulgares par suite de l'agglomération de ces forces — le capitaine du bateau de luxe *Zsofija*, sur lequel était logé l'état-major du maréchal Mackensen, à Smédérevo, célébrait sa fête. L'entourage immédiat du maréchal dînait avec lui dans le salon du bateau et la coutume était qu'on changeât chaque jour l'ordre des places.

Or il arriva ce jour-là que par hasard deux officiers du grand état-major austro-hongrois prirent place à la table où se trouvaient le capitaine du bateau et le duc. Parce que le maréchal Mackensen ne tolérait pas les excès de table, le capitaine — un Hongrois — fit remplir dans sa cabine, secrètement, une théière avec du champagne. Les quatre messieurs burent le champagne dans des tasses à thé à la santé du capitaine, ce qui amusa beaucoup son altesse, mais lui fit aussi oublier la quantité de liquide absorbé. Soudain il déclara qu'il désirerait dès à présent savoir le résultat du plébiscite qui devait prochainement avoir lieu en Serbie. La conversation qui suivit, menée adroitement par les officiers autrichiens et quelques tasses de « thé pétillant », firent parler le duc et ils apprirent à leur grand étonnement, qu'il s'agissait, d'accord avec le premier ministre de Serbie, M. Pachitch, de faire un plébiscite dans le but de détrôner la dynastie des Karageorgévitch en faveur de la maison de Mecklembourg. Le duc ajouta encore qu'il n'y avait plus qu'à discuter les dernières formalités avec M. Pachitch, ce qui aurait lieu dans quelques jours.

Les deux officiers autrichiens firent aussitôt communiquer télégraphiquement le compte rendu de cette conversation si importante au grand quartier général austro-hongrois, à Téschen. Malheureusement le télégramme, ainsi qu'on l'apprit plus tard, ne parvint jamais entre les mains du maréchal Conrad, parce que l'expéditeur, un officier de l'état-major, était sous les ordres du commandement d'étapes et, pour cette raison, c'est à ce dernier qu'il adressa le télégramme. Il paraît qu'au commandement d'étape, on n'attribua pas à ce rapport l'importance qu'il méritait, de sorte qu'on ne crut pas nécessaire de le soumettre au maréchal.

Quelques jours après, un capitaine d'état-major du groupe de l'armée du général autrichien Koevess — aile droite de l'armée Mackensen — informa les deux officiers du grand état-major, qu'une auto allemande, dans laquelle se trouvait le diplomate allemand le comte Alvensleben et deux officiers allemands, tous munis de laissez-passer réguliers du commandement supérieur de l'armée allemande, avaient traversé le front des troupes austro-hongroises dans la direction de la ville de Tchatchak, encore occupée par les Serbes.

Il était tout naturel d'établir un rapport entre ce voyage et la communication du duc.

Ce fut là le premier éclair de lumière dans l'incompréhensible plan du grand état-major allemand.

N'était-il pas possible, si un prince allemand portait la couronne serbe, de trancher ainsi, de la façon la plus favorable pour l'Allemagne la question serbe et en même temps celle des Balkans et d'Orient? Mais pouvait-on faire ce pas, d'accord avec la monarchie alliée? Pouvait-on, dans le cas où le plan du Maréchal Conrad se réaliserait et où, par une avance bulgare au Sud contre la ligne de retraite de l'ennemi, l'armée et le gouvernement serbe auraient été faits prisonniers, faire un pacte derrière le dos de l'Autriche et de la Bulgarie? Qui pouvait même garantir en quelles mains tomberaient le gouvernement serbe et M. Pachitch? Peut-être même entre celles des Bulgares?

Pleinement consciente de sa propre force, l'Allemagne pouvait laisser tranquillement les Serbes s'échapper en Albanie, vu qu'elle était d'accord avec l'homme d'Etat serbe le plus important, M. Pachitch.

Pourquoi M. Pachitch n'aurait-il pas accepté de telles offres? Qu'on réfléchisse dans quelle situation se trouvait la Serbie quand les puissances centrales décidèrent l'offensive. Cette situation était des plus mauvaises. Son puissant protecteur russe blessé à mort, M. Pachitch, abandonné par les autres alliés sut estimer à sa juste valeur la force combattive de ses propres troupes.

Bien que l'offensive autrichienne sous le commandement du général Potiorek en décembre 1914 eût été brillamment repoussée, elle coûta aux Serbes ce qu'ils avaient de mieux en hommes et en matériel de guerre. Ce n'étaient plus les héros de Valyévo et de Chabatz qu'on pouvait opposer à l'orage menaçant. M. Pachitch jugea alors la cause serbe perdue!

Or, qu'est-ce qui empêchait cet homme d'Etat, initié à toutes les méthodes balkaniques, de saisir le fétu de paille sauveur? Et il le saisit, non pour la cause de son peuple, mais pour sa propre cause. Qu'importait, à un homme de la trempe de Pachitch, de trahir son roi? Car pour lui il s'agissait d'une sorte de réassurance pour sa personne!

Il est vrai que, lorsque le comte d'Alvensleben se rencontra avec M. Pachitch dans le bâtiment du préfet à Tchatchak, les choses avaient déjà pris une autre tournure.

M. Pachitch avait, au moment de la rencontre, non seulement la garantie que l'Entente n'abandonnerait pas la Serbie, mais il voyait que l'Entente avait la ferme volonté de l'aider tout prochainement et activement, il voyait la formation du front de Salonique.

Désormais cet homme d'Etat avisé pouvait se montrer tout autre et le comte Alvensleben essuya un refus à Tchatchak. Son altesse disparut.

Après cet échec diplomatique l'état-major allemand reconnut la vraie situation et voulut faire ce que le maréchal Conrad avait proposé dès le début, c'est-à-dire couper la retraite aux Serbes.

A l'état-major de l'armée Mackensen on étudia le plan qui consistait à retirer deux ou trois divisions de l'aile gauche de la onzième armée allemande où le désordre régnait par suite du trop grand nombre de troupes, et de les envoyer avec la plus grande rapidité possible à l'aile sud des Bulgares pour pouvoir exercer une pression sur la ligne de retraite serbe. Les études préparatoires que l'on fit immédiatement à ce sujet, démontrèrent qu'il était trop tard pour exécuter cette opération, et par conséquent le plan fut abandonné.

La retraite des débris de l'armée serbe à travers les montagnes sauvages de l'Albanie, seule issue possible, fut terrible, les fatigues furent grandes et les pertes énormes. Mais le gouvernement et l'armée serbes avaient pu échapper et purent ainsi porter trois ans plus tard, après l'écroulement de la puissance militaire bulgare, le coup décisif.

M. Pachitch eut beau, durant cette période si critique pour la Serbie, mener ses négociations aussi secrètement que possible, il n'y en eut pas moins un homme qui pénétra ses intentions : ce fut le colonel de l'état-major serbe, Dragoutine Dimitriévitch, surnommé « Apis », ce même Dimitriévitch qui joua le premier rôle, et lors de l'assassinat du roi Alexandre Obrénovitch en 1903, et lors de l'assassinat de l'archiduc héritier, François-Ferdinand, à Serajevo, en 1914. Chef de l'organisation « Union ou Mort », dite « Main Noire » dont les fils se ramifiaient partout, il aurait été étonnant qu'il n'eût pas eu connaissance des agissements de M. Pachitch. Ce fut là certainement pour M. Pachitch un important motif de fermer à jamais la bouche de Dimitriévitch en le livrant aux sbires du conseil de guerre de Salonique en 1917.

M. Pachitch a accusé faussement d'être de connivence avec l'ennemi, l'homme qui l'avait vu faiblir en des jours critiques pour la Serbie et, pour cette raison, il a exigé sa condamnation à mort.

Sur les remparts de Salonique tomba le plus grand ennemi de l'Autriche-Hongrie, mais aussi le plus grand patriote serbe, victime d'intrigues politiques serbes.

TABLE

Société Française d'Imprimerie d'Angers. — 4, rue Garnier, Angers.

www.ingramcontent.com/pod-product-compliance
Ingram Content Group UK Ltd.
Pitfield, Milton Keynes, MK11 3LW, UK
UKHW020244180726
13839UKWH00001B/173